UIT HET LEVEN VAN EEN HOND

Eerste druk februari 2019
Tweede druk april 2019
Derde druk april 2019
Vierde druk november 2019
Vijfde druk februari 2020
Zesde druk maart 2020
Zevende druk mei 2020
Achtste druk juni 2020
Negende druk juni 2020
Tiende druk juli 2020
Elfde druk juli 2020
Twaalfde druk juli 2020
Dertiende druk juli 2020
Veertiende druk augustus 2020

Sander Kollaard

Uit het leven van een hond

Uitgeverij Van Oorschot
Amsterdam

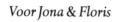

Voor Jona & Floris

Zweten zul je voor je brood,
totdat je terugkeert tot de aarde, waaruit je bent genomen:
stof ben je, tot stof keer je terug.
  Genesis 3:19

Het hart klopt, denkt Henk van Doorn als hij wakker wordt, en het bloed stroomt. Goedbeschouwd is dat het verstandigste wat je erover kunt zeggen.

Het is een merkwaardige gedachte en een onwaarschijnlijk begin van de dag, van zijn herwonnen bewustzijn, maar het doet in elk geval wat een begin behoort te doen: het suggereert een vervolg. Met die eerste gedachte dienen zich nieuwe gegevens aan: de ruimte waarin hij zich bevindt (zijn slaapkamer), de tijd (ergens tussen acht en negen) en van het weer (zonnig). Van harte gaat het niet. De nieuwe gegevens komen aansjokken als pubers die net wakker zijn en met zure, stuurse gezichten aan de ontbijttafel gaan zitten, beledigd dat hun weer een nieuwe dag in de maag is gesplitst. Henk slaat de nieuwe gegevens van enige afstand gade, nog loom en zwaar op de matras: dat het zaterdag is; dat Schurk gisteravond niet helemaal lekker leek en misschien iets verkeerds heeft gegeten; dat hij later vandaag zijn jarige nichtje Rosa moet bellen. De hoeveelheid informatie groeit en daarmee zijn bewustzijn en de man die hij is. Henk van Doorn, ic-verpleegkundige, 56 jaar oud.

Als hij op de klok kijkt, ontdekt hij dat informatie niet altijd betrouwbaar is. Het is nog maar een paar minuten over zes. Dat roept de vraag op of hij zich zal omdraaien en de ogen sluiten en zo de inmiddels verzamelde informatie zal lozen in nieuwe slaap. Het is een verleidelijke gedachte, maar het is te laat. Er is al een kritieke massa bereikt en intussen komt van alle kanten nieuwe informatie opgezet, opgewekter nu, niet zoals die pubers maar meer zoals de pinken die hij een paar dagen geleden in de wei zag en die hem en Schurk langs het hek volgden, opgewonden, baldadig, totdat hij een stap in hun richting zette, *boe*, en ze collectief achteruitstapten om hem vervolgens van een paar meter afstand aan te staren in een halve cirkel van natte neuzen en dromerige ogen – ongeveer zoals de gegevens over wie en wat hij is hem nu aanstaren, die nog altijd bewegingsloze man in bed.

Het hart klopt, hoort hij opnieuw, en het bloed stroomt. Hij realiseert zich dat de gedachte een restant is van het gesprek dat hij gisteravond voerde aan het eind van zijn dienst, met een nieuwe collega, een jonge vrouw van wie hij de naam alweer kwijt is. Ze hadden het over de betekenissen die aan het hart worden toegedicht: dat het geheimen verbergt; dat je het kunt vasthouden; dat het kan overlopen van liefde, maar in sommige gevallen angstaanjagend kil blijft. Allemaal onzin, had de vrouw gezegd, op een besliste toon die hij niet sympathiek vond. Onzin. Het hart is een pomp. Het klopt, het bloed stroomt, dat is alles.

Nu komt hij in beweging. Hij draait zich op zijn rug en rekt zich uit. Het zonlicht stroomt binnen en maakt uitbundig duidelijk dat het zomer is. Juli om precies te zijn. De hondsdagen. Het is al dagenlang benauwend warm; het groen hangt verlept aan bomen die stilletjes langs de straat staan, suf van hitte; de straten en winkels maken een verlaten indruk omdat de mensen op vakantie zijn. Henk is niet op vakantie omdat er niemand is om mee op vakantie te gaan en hij het verdomt om met een groep singles naar het klassieke Griekenland, het gastvrije Gambia of het mysterieuze Antarctica te reizen zoals zijn broer hem heeft aangeraden. Dan nog liever dood. Jezus Christus, denkt hij, boos opeens, wat is dat toch met Freek? Waarom denkt hij dat ik een *probleem* heb? En dat er iets aan *gedaan* moet worden? Zijn harige vuisten ballen zich op het dekbed al heeft hij dat niet door en in gedachten vervloekt hij Freek zoals hij dat al vaker heeft gedaan: zijn jongere broer is een bange man die niet bestand is tegen afwijkingen van de gebruikelijke orde. Van *zijn* orde. Henk is niet van zijn orde. Henk is gescheiden: fout. Henk is alleenstaand: fout. Henk gaat niet op vakantie: fout. En zo kan hij doorgaan. Geen beleggingen: fout. Geen Audi: fout. Geen koophuis: fout. Niet drie keer in de week naar de sportschool: fout. Zijn vuisten imiteren de bewegingen van het hart en pompen zijn woede rond, als zwart bloed, zodat hij wordt vergiftigd – zijn liefde voor het leven, zijn vitaliteit. Hij roept zichzelf tot de orde. Woede is slecht voor hem. Het maakt hem bitter en onaantrekkelijk. Het maakt hem ouder. Het zou hem bovendien niet verbazen als hij ervan aankwam en dat is beslist niet de bedoeling.

Saskia: zo heet zijn nieuwe collega. Ze is tenger en geblondeerd en heeft felle ogen en Henk weet hoe ze hem ziet: als een oude man, vermoeid, te dik en niet meer helemaal up-to-date. Oude garde. Op weg naar de uitgang. Omgekeerd heeft zij niet door hoe hij haar ziet. Jonge garde. Meer kennis dan ervaring. Meer energie dan verstand, ongeveer zoals die pinken. Hun gesprek gisteravond kwam op gang in de intieme, beschouwelijke sfeer die soms aan het eind van een avonddienst ontstaat, vooral als er niemand onder hun toezicht is gestorven. Mogelijk sterven de stakkers alsnog in de volgende dienst, of een daaropvolgende, maar vooralsnog leven ze. Ze hebben hun werk naar behoren gedaan. Ze zaten in de verpleegpost en dronken koffie en praatten over het hart. Het is een wonderbaarlijk orgaan, zei hij. Het verbeeldt onze diepste gevoelens. Onzin, zei Saskia. Allemaal flauwe sentimenten.

Dan denkt hij aan Groucho Marx en schiet in de lach. *I intend to live forever or die trying.* Met zijn lach spoelt de irritatie weg. Hij rekt zich nog eens uit en komt dan overeind in het besef dat er een lang, vrij weekend voor hem ligt. Niet slecht. De zon valt op de leverkleurige houten vloer en de berken boekenkasten die hij zelf heeft getimmerd. Hij woont hier sinds zijn scheiding, nu drie jaar geleden. De begane grond van het pand in de Nieuwstraat wordt bewoond door een chagrijnig ouder echtpaar, de eerste en tweede verdieping door hem. De slaapkamer ligt op de tweede verdieping en kijkt uit over naburige daken en een rommelige verzameling van tuintjes, schuurtjes en stegen. Het licht stroomt van twee kanten aan maar niemand kan er binnenkijken en zo lijkt de kamer boven het stadje te zweven. Het is zijn boomhut, zijn kraaiennest. Hij voelt zich er op een plezierige manier onthecht. Hier is hij vrij, verlost van aandacht, weg van het tumult dat de omgang met anderen met zich meebrengt. Zijn ogen gaan over de boekenkast die volgepakt is met boeken die hij allemaal kent, op een persoonlijke manier, en die elk iets voor hem betekenen. Daar, die oranje rug, dat dunnetje, een schitterend boek. Hij las het in het jaar van zijn scheiding. Lydia vond het niks en misschien heeft dat de doorslag gegeven: iemand die dat boek niet schitterend vindt, deugt niet, klaar uit.

Hij komt verder overeind, zijn gedachten alweer elders, verderop, aan de kop van zijn leven. Het gaat snel nu. De informatie koekt en klontert en geeft zo langzamerhand voldoende substantie. Hij kan opstaan. En hij staat op, gedreven door levenslust, glimlachend om de vrije zaterdag die als een kind voor hem uit huppelt.

**

Henk is een bedachtzame man. Dat vindt hij een goede eigenschap en dus aanvaardt hij zijn onvermogen om snel, elegant of ad rem te reageren. Maar soms heeft hij er last van, zoals gisteravond met Saskia. Zij praatte, hij luisterde. Hij probeerde een paar keer te nuanceren of iets tegen te werpen, maar ze leek hem niet eens te horen. Haar stelligheid stoorde hem. Hij houdt niet van mensen met een stellige mening, zeker niet als het jonge mensen zijn – het zou jonge mensen sieren als ze begrepen dat hun perspectief beperkt is.

Goed, ze was te stellig, maar had ze ongelijk? Wat zou hij hebben gezegd als hij de gave van een adequaat weerwoord had? Zoiets als dit: Natuurlijk is het hart een pomp, Saskia, maar zoals vrijwel elk lichaamsdeel is het meer dan dat. Het lichaam leent zich nu eenmaal goed voor representatie van wat we voelen en denken. We nemen iemand bij de neus. We hebben iets achter de rug. Onze vingers jeuken. En als we verliefd zijn, voelen we hoe onze borst zwelt, en dus zeggen we dat het hart overloopt. De taal welt als vanzelf uit het lichaam op en dat is waar ik op wees. De vraag is: wat zit je precies dwars? Vind je dat het lichaam niet mag worden misbruikt als bron van metaforen? Wat bedoel je met *flauwe sentimenten*? Ik denk eerlijk gezegd dat je dat niet weet. Je hebt geen idee. Je stelligheid en die vloed van woorden, de herhalingen en de manier waarop je mijn weerwoord negeerde, drukken geen overtuiging uit, maar onbezonnen jeugd. Wat je zei was niet meer dan een ontlading van de spanning die dit werk nu eenmaal –

Ik ben 28. Zo jong is dat niet.

Jeugd is niet altijd een kwestie van jaren, Saskia. In mijn ogen ben je jong omdat je een vermogen tot reflectie mist. Je ventileert gevoelens zonder ze werkelijk te begrijpen, door er de eerste de beste betekenis aan te hechten die je kunt bedenken, en je er zo van te ontdoen. Maar dat gezegd hebbende –

Nou ja zeg!

– dat gezegd hebbende, Saskia, constateer ik dat je een interessant punt raakt. Het hart pompt, het bloed stroomt. We zijn *spul*. Om het preciezer te zeggen: we zijn biologisch geanimeerd spul. In mijn ogen is dat een feitelijke constatering maar verbazingwekkend veel mensen verzetten zich daartegen. Alleen maar spul! Hoe kun je dat beweren! Wat kil en vreugdeloos! Het verzet komt neer op het idee dat we *meer* zijn dan alleen maar spul. Dat we een ziel hebben, of een geest, een innerlijke god, iets nobels of bijzonders wat ons boven de *platte materie* verheft. Het is een sentiment dat echo's in zich heeft van eeuwen waarin we dachten dat we bijzonder waren, de kroon op de schepping of het logische en schitterende eindpunt van de evolutie, maar we weten inmiddels beter. Niets heeft ons bedoeld of gewild of bedacht. Niets maakt ons noodzakelijk. Anders dan veel mensen vind ik dat een verrukkelijk, bevrijdend inzicht. We kunnen doen en laten wat we willen en zijn aldus werkelijk vrij, niet gebonden aan heilsplan of bestemming. Dus je hebt gelijk, Saskia, we zijn spul –

Dat zeg ik toch!

Dat zei je en ik val je bij. We zijn gemaakt van *stof en tijd*, zoals Borges schreef. Weet je wie dat was? Nee, natuurlijk

14

niet. Stof en tijd. Ik ben spul dat al miljarden jaren voor mijn geboorte bestond en tot mijn grote geluk in 1961 deze vorm heeft aangenomen. Met mijn dood zal het die vorm weer verliezen. Dat vind ik een verdrietig vooruitzicht – ik ben, ondanks de evidente tekortkomingen, aan mijn vorm gehecht – maar wie weet zullen stukjes en beetjes van het spul dat nu mijn naam draagt ooit weer samenkomen in andere vormen, zoals een kat, of een wolk, of een roman, of een kus. Is dat plat? Is dat kil of harteloos? Ik zie er juist *grandeur* in. Grandeur: een groots en meeslepend verhaal dat –

Maar goed, Henk had geen adequaat weerwoord. Hij is een bedachtzame man. Hij denkt liever even na voordat hij iets zegt en betaalt daar soms een prijs voor. Toen hij gisteravond naar huis reed, voerde hij het gesprek met Saskia opnieuw, maar Saskia was daar niet meer bij. Er was niemand bij en hoewel hij zich met enige wellust aan de reprise overgaf, drong de eenzaamheid van de exercitie zich nadrukkelijk op. Hij volgde de A9 en nam de afslag Driemond en reed langs het kanaal en sloeg toen linksaf, rechtsaf, Weesp binnen, rechtdoor over de keitjes in de richting van het stadhuis dat massief tegen de zomernachthemel stond, toen rechts de gracht op.

Kort en goed, hij was alleen.

***

De hond is niet in orde. Schurk volgt hem, zoals altijd, maar het is niet van harte. Zo nu en dan blijft hij staan, hijgend, de lusteloze tong uit de zijkant van zijn bek, min of meer verwijtend.

'Kom, jochie!'

Hij probeert opgewekt te klinken, maar hoort zijn eigen ongerustheid. Schurk is niet in orde. Hij herkent het dier niet. Niet echt. De hond heeft iets van een vreemdeling. Omgekeerd heeft hij de indruk dat hij voor Schurk een vreemdeling is geworden. De vanzelfsprekendheid waarmee het dier normaal gesproken op hem reageert en naar hem kijkt en altijd lijkt te weten waar hij is en wat hij wil, is weg. De wederzijdse vervreemding verraadt wat er werkelijk aan de hand is: Schurk is ziek. Hij is niet oud en moe, niet benauwd vanwege de warmte, hij heeft niets verkeerds gegeten, nee, hij is ziek. Dat is wat ziekte doet: het verjaagt ons uit de normale verhoudingen en reduceert ons aldus tot vreemdelingen. Het vernietigt de vanzelfsprekendheid van wie en wat we zijn. Het beschadigt de intimiteit. En zo staan ze aan de twee overzijden van een afgrond en kijken naar elkaar, Henk met een verlammende angst in de borstkas en Schurk met, enfin, dat weet Henk dus niet.

Maar hij houdt vol. De hond mag niet ontmoedigd worden. Hij moet het dier zien te verleiden terug te keren naar een vertrouwde wereld. Hij moet rolvast blijven zodat de hond hem kan herkennen. Hij is de baas. Hij is de man met de stevige pas, zwaaiend met de losgekoppelde riem. Hij is de man met de invallen, zoals deze: 'Kom!'

Hij zet aan en dribbelt langs het water van de Vecht. Schurk, weet hij, houdt van hardlopen. Hardlopen is opwindend. Hardlopen impliceert dat er een boef moet worden gevangen, of een bal gezocht, of een prooi opgehaald, en dus rent de hond graag achter hem aan, blaffend, opgewonden, barstend van leven.

Het is, constateert Henk al na een paar meter, veel te warm voor een serieuze inspanning, maar hij kan niet terug want de hond moet verleid worden en dus dribbelt hij dapper. Hij is gekleed op hardlopen. Hij draagt een trainingsbroek en een oud, vaal geworden T-shirt dat hij ooit won bij een tombola van de personeelsvereniging. *Doe mee met de PV.* Zijn sportschoenen zijn al meer dan een jaar zo goed als nieuw en verraden zijn gebrek aan discipline. Zo nu en dan leidt de gestage toename van zijn gewicht tot het vrome voornemen om geregeld hard te lopen (en sowieso minder te eten en beslist de blokjes kaas te laten staan en absoluut alcoholvrije dagen in te lassen en onder geen beding suiker in zijn koffie te doen), maar doorgaans geeft hij na drie, vier keer weer op. Er moet iets te genieten overblijven, houdt hij zichzelf voor, het leven is te kort. En als je niet rent, houdt Freek hem voor, al dan niet in levenden lijve, maak je het nog wat korter.

Hij rent. Hij zweet. Hij wacht op het lichte tikken van hondenpoten op asfalt, op geblaf, maar er gebeurt niets, en als hij omkijkt ziet hij dat Schurk niet volgt. De hond is gaan liggen in het gras van de berm. Henk stopt en loopt terug en knielt bij de hond, die hem aankijkt met een blik die geen houvast biedt. Henk kan niet zien wat er in de hond omgaat. Hij aait het dier over de kop en laat een van de zijdezachte oren tussen duim en wijsvinger glijden, zoals hij dat graag doet.

'Jochie toch...'

'Hij zal wel dorst hebben...'

De vrouwenstem overvalt hem volkomen. Henk, begrijpt Henk, terwijl hij zich omdraait, heeft vrijwel niets van de omgeving opgenomen, in beslag genomen door de hond. De vrouw staat bij een taillehoog sierhek dat toegang geeft tot een rommelig, met grindtegels belegd erf dat bij een woonboot hoort. Er ligt een stapel afbraakplanken, grijs van slijtage en ouderdom. In een zee van potten, conservenblikken en pannen staan planten in verschillende stadia van plantaardig welzijn – van uitbundig in bloei tot volledig verdord. Het pad naar de deur wordt geblokkeerd door een brommer, goeddeels onttakeld, omgeven door onderdelen en gereedschappen. De vrouw maakt zelf ook een wat onttakelde indruk. Ooit was ze mooi, ziet Henk, maar dat is alweer even geleden. De jaren zijn harder voor vrouwen dan voor mannen. Nee, corrigeert hij zichzelf, niet de jaren maar mannen zijn harder voor vrouwen dan voor zichzelf. Henk ziet zichzelf als een feminist en is daarom blij met de correctie, maar een hinderlijk gevolg is dat elke gedachte over vrouwen hem onzeker maakt – hij: een man tenslotte. Dat gebeurt nu ook. Lamgelegd door het plotse spoelwater van gedachten over het onrecht dat mannen vrouwen aandoen, verzuimt hij te reageren en blijft hij bewegingsloos. Het maakt niet uit. De vrouw let niet op hem, maar op de hond.

'Kijk nou toch,' zegt ze, 'die stakker...'

Schurk ligt met de voorpoten gestrekt en de achterpoten opgevouwen onder het lichaam, zodat de heupen boven de rug uit steken. Hij hijgt. De tong maakt een ziekelijke, bleke indruk, als een oud, verdroogd vaatdoekje. De vrouw draait zich om en komt even later terug met een bak water. Ze opent het hek, steekt de weg over en zet de bak voor de hond neer. Schurk is niet geïnteresseerd. Hij kijkt naar Henk. Henk schuift de bak wat dichterbij.

'Hier...'

Nu neemt de hond een paar likken, eerst wat plichtmatig, maar dan met meer energie. Hij komt zelfs overeind. Van het ene op het andere moment bezemt de staart enthousiast door de juliwarmte.

'Goed zo, jochie, goed zo...'

De vrouw knielt nu ook bij de hond neer en zo zit Henk opeens met een onbekende vrouw langs de kant van de

Vecht. Dat vindt hij lastig. Bovendien is de onderlinge afstand naar zijn smaak te gering – hij voelt haar warmte, hij ruikt haar lichaamsgeur – en dat roept spanning op, waardoor hij een impuls voelt om op te staan. Dat doet hij niet omdat het gemakkelijk kan worden begrepen als botheid. Eerst moet er een zeker contact worden gemaakt. Hij aait de drinkende hond over de kop.

'Dat was kennelijk nodig, dank je wel.'

'Het is ook echt allejezus warm...'

'Ze zeggen dat het de warmste juli is sinds 1897.'

'Ja, het klimaat en zo.'

Nu kan hij met goed fatsoen opstaan. De hond blijft het water naar binnen slobberen. Henk vraagt zich af of het werkelijk zo simpel is: dat hij het dier te weinig heeft laten drinken. Hij wil het graag geloven, maar de onrust over het eerdere gedrag laat zich niet helemaal bedwingen. Toch herademt hij. Het water van de Vecht ruikt licht naar bederf, maar niet onaangenaam. Verder weg trilt de lucht boven de weg in een hitte die in de loop van de dag alles zal verlammen. Hij zou er misschien verstandig aan doen om –

Wacht eens even. Hij vindt de vrouw *aantrekkelijk*. Hij stond zojuist niet op omdat ze hem te nabij kwam, maar omdat ze hem *opwindt*. Hij staat versteld. Het is een onheuglijke tijd geleden dat hij zo abrupt hitsig op een vrouw reageerde en kennelijk herkent hij die hitsigheid niet meer meteen – de beweging onder in de zak, het geslacht dat zich meldt, ongeduldig, ongeveer zoals Schurk dat tegen etenstijd doet. Henk kijkt neer op haar kruin die donker afsteekt tegen lichter grijs. De hals van haar blauwe jurk plooit aan de achterzijde open en biedt zicht op haar rug. Hij registreert dat ze geen bh draagt en voelt hoe het ongeduld van zijn geslacht accelereert tot urgentie – de urgentie om de vrouw tegen het gras te werken bijvoorbeeld, en te ontkleden, en te, en-fin, dat kan natuurlijk niet. Geschrokken doet hij een stap achteruit, de weg op. Het volgende moment suist een wiel-renner rakelings langs hem heen. Hij voelt de verplaatsing van hete wind en ruikt een zoete geur, misschien van mas-sageolie, en hoort dan ook het gezoem van de banden op het asfalt. De bijna-botsing heeft de renner uit evenwicht ge-bracht. De man – het is een man, ziet Henk, die reflexmatig een kwartslag is gedraaid – zwenkt scherp naar het midden van de weg, verliest zijn evenwicht, slingert, maar herstelt zich wonderbaarlijk en zet zijn tocht ongeschonden voort. Toch is de man kwaad. Hij komt overeind, draait zich om en toont zijn rechtermiddelvinger. Henk is even uit het veld geslagen want er was geen opzet in het spel, geen kwaad-aardigheid, hooguit onhandigheid, en bovendien is er geen schade ontstaan, dus waar maakt die vent zich druk om, wat een idiote reactie, wat een klootzak, en ja hoor, dan gaat ook zijn hand omhoog, de middelvinger opgestoken, in een ty-pisch mannelijke reflex, ingegeven door het gif van zijn tes-tosteron.

***

Het huis is merkwaardig stil en verlaten. Na al het licht bui-ten lijkt het er schemerig. Henk voelt zich niet welkom, bij-na een insluiper, en mogelijk is dat de reden dat hij zich op een ongebruikelijke manier laat gelden. Hij trekt de koelkast met een ruk open. Hij trekt de flappen van het pak karne-melk met te veel kracht uiteen, zodat het karton scheurt, en zet het leeggedronken glas met een klap terug op het aan-recht. Dan, terwijl hij nog nahijgt van het in één teug leeg-drinken van het glas, dringt zich een onaangename herinnering op. Daar heeft hij absoluut geen zin in maar er is geen ontkomen aan en dus is de beste optie om zich er zo snel mogelijk doorheen te werken. Een jaar of vijf geleden kwam hij ook zo thuis, niet hier natuurlijk maar in Amsterdam, op een vergelijkbaar warme dag. Het was een ongebruikelijk uur: hij was gaan werken maar grieperig geworden en weer naar huis gegaan. Het huis in de Rivierenbuurt was net zo stil en verlaten en schemerig als het huis nu, maar na een paar tellen drong tot hem door dat hij niet alleen was. Van boven klonk gehijg en gesteun. Hij herkende Lydia maar niet de man met wie ze kennelijk seks had. Terwijl hij de trap op liep om de twee op heterdaad te betrappen, vroeg hij zich af wie het kon zijn. Het was een buurman, zo bleek. Arie. Arie was een kleine, gedrongen man. Hij deed iets bij de gemeente. Henk vond hem een zelfingenomen zak. Aries billen, zag hij, waren intens wit en merkwaardig haarloos in vergelijking met de juist overmatig behaarde rug en dijen. Veel spiermassa zat er niet in, want ze pompten – als dat het woord is – zonder veel overtuiging. Niettemin maakte Lydia het nodige lawaai. Ze kreunde en steunde en trok haar benen zo hoog mogelijk op, terwijl haar bekken onder die witte billen draaide en wrong. Henk, perplex, liet ze begaan en wachtte beneden aan de keukentafel totdat ze klaar waren. Wat de herinnering nog enigszins draaglijk maakt zijn de taferelen op Aries gezicht, op weg naar beneden, de kleren nog schikkend, toen hij Henk aan de keukentafel ontdekte. Zijn uitdrukking raakte op slag gevangen tussen allerlei impulsen die zich niet gemakkelijk lieten verenigen: het gevoel van triomf dat mannen zoals Arie na overspelige seks hebben; het onaangename besef betrapt te zijn; een snelle inschatting van de mogelijke complicaties (vechtpartij met Henk, ruzie thuis); irritatie in deze situatie te zijn gebracht;

enzovoort. Henk vindt het nog altijd lastig om de resulterende uitdrukking nauwkeurig te beschrijven. *Verward* mist het vleugje schaamte. *Ongemakkelijk. Met de mond vol tanden. Besmuikt* misschien. Hoe dan ook, een paar tellen later volgde Lydia, en haar uitdrukking was eenvoudiger te lezen: ze was verontwaardigd.

'Wat doe jij hier?'

'Ik voel me niet lekker. Griep.'

'Midden op de dag?'

'Ja.'

'Had je dan niet eerst even kunnen bellen?'

Nou ja, zo ging het niet helemaal, maar het geeft wel degelijk de grondtoon van haar reactie weer. Het was zijn schuld dat zij in zo'n netelige situatie was beland. Toch leek op dat moment hun huwelijk nog niet verloren. Overspel was overspel, dom, bot, maar begrijpelijk genoeg, we zijn nu eenmaal spul, en alles afgewogen niet de reden waar een huwelijk op strandt. Henk was ook niet altijd trouw geweest. Hij vermoedde dat Lydia dit wist maar er net zo over dacht als hij en hem stilletjes had vergeven, en deed dat op zijn beurt dus ook. Nu, achteraf, ziet hij dat het moment waarop hij haar met Arie betrapte wel degelijk een breekpunt was. Hij heeft haar nooit vergeven. Kijk maar: hij is nog steeds nijdig. En zo heeft hij zich ronduit kinderachtig gedragen: hij heeft zich laten verleiden door het idee een man te zijn met een groot hart, in staat tot vergeving, en die misleiding heeft –

Op dit punt onderbreekt hij zichzelf. Alles goed en wel, denkt hij resoluut, zo resoluut zelfs dat hij de gedachte hardop uitspreekt: 'Alles goed en wel, maar nu is het tijd voor een douche.'

Onderweg naar de badkamer knielt hij bij Schurk die in

zijn mand ligt, rustig, wat hangerig misschien, maar niet in nood. De hond kijkt hem aan. Hij herkent de vijverachtige diepte in de donkere hondenogen, het komische optrekken van een wenkbrauw, de zucht waarmee de hond de kop op de rand van de mand legt na aan zijn hand te hebben gesnuffeld. Het stelt hem gerust, die herkenning – het maakt iets goed van de vervreemding eerder die ochtend.

Na de douche belt hij Rosa. Terwijl de telefoon overgaat ziet hij op de keukenklok dat het nog voor achten is, veel te vroeg voor Rosa, maar er wordt opgenomen. Het is Freek.

'Zo, dat is vroeg, is er iemand dood?'

Er is niemand meer die dood kan gaan en Henk ertoe zou brengen om Freek te bellen. De laatste keer dat hij om die reden Freek belde, was toen Jan stierf, hun oudere broer, alweer achttien jaar geleden.

'Wat doe jij met Rosa's telefoon?'

'Die ligt hier op tafel. Geen idee waarom. Ik zag dat jij het was. Weet jij trouwens hoe je in haar telefoonlijst staat? Als Gekke Henkie.'

'Bij mij staat ze erin als Rare Rosa. Oud grapje. Iets tussen ons.'

Dat laatste voegt hij toe na een korte aarzeling omdat hij het risico neemt dat Freek er moeilijk over gaat doen. Freek ziet zichzelf als een moderne vader, open, vol begrip. Hij heeft een geweldige relatie met zijn kinderen die niets voor hem verborgen houden maar beseft nu opeens dat ze dat wel doen. Henk wacht Freeks reactie niet af.

'Gefeliciteerd met je geweldige dochter.'

'Dank je.'

'Zeventien alweer...'

'Zeventien.'

Freek klinkt mat. Wat is er aan de hand? Normaal gesproken neemt hij onmiddellijk de leiding in het gesprek. Dat is hij gewend. Hij is directeur van een machinefabriek. Hij zit de hele dag in vergaderingen en voert het woord. Doe dit, doe dat. Freek komt zelf met een uitleg.

'Die foto op Rosa's telefoon...' zegt hij. Hij klinkt nu niet mat, maar aarzelend. 'Was dat niet bij de begrafenis van Jan?'

Henk heeft geen idee maar het raakt hem dat Freek refereert aan de dood van Jan. Het overlijden van hun oudere broer is een van de weinige dingen die hem en Freek binden. In de weken en maanden na de begrafenis zochten ze elkaar geregeld op, altijd buitenshuis, in een café of restaurant, omdat ander gezelschap storend zou zijn: de dood van Jan was uitsluitend hun zaak. De overgebleven broers. Meestal praatten ze over koetjes en kalfjes. Als Jan al ter sprake kwam, was dat terloops. Weet je nog toen hij... Herinner je dat... Van lieverlee verwaterde hun contact weer tot wat het nu is, en daarmee de band, maar op momenten zoals deze voelt Henk weer iets van de warmte die hij in die periode voor zijn zelfverzekerde, betweterige, arrogante broertje voelde. Hij ziet voor zich hoe Freek de foto bekijkt, niet met de gebruikelijke priemende blik, niet met die harde trekken rond zijn mond, maar aangedaan, zachter en menselijker. Hij zoekt naar iets vriendelijks om te zeggen maar Freek is hem voor.

'Je bent met de jaren behoorlijk aangekomen.'

Henk sluit zijn ogen en wrijft met zijn vrije hand over zijn schedel. Het is een liefdevol gebaar dat hij wel vaker maakt. Hij houdt van zijn schedel die een ronde, gelijkmatige vorm heeft en altijd warm is, zelfs in de winter – een teken van actieve hersenen, zo grapt hij graag. Het is bovendien een expressief gebaar dat in kleine variaties veel kan uitdrukken:

verrassing, verlegenheid, welbehagen. Dit keer is het irritatie en dat blijkt als de strelende beweging versnelt, van voor naar achteren over de schedel, met gekromde vingers.

'Anyway,' zegt Freek, 'hoe staat het leven verder?'

En zo komt hun telefoongesprek in de vertrouwde groeven. Ze praten een paar minuten over de dagelijkse ditjes en datjes. De warmte, de nieuwe (tweedehands) auto van Henk, de aanstaande vakantie van Freek (leuke *gîte* in de Provence). Freek vraagt naar Schurk en Henk vertelt dat de hond oud aan het worden is en Freek zegt: 'Dat mag ook wel een keer want hij is tenslotte al –'

'Hoe oud ook alweer?'

'Bijna veertien.'

'Dat bedoel ik, dan mag het ook wel. En het werk? Veel doden de laatste tijd?'

Het werk. Nooit *je* werk. En altijd dezelfde grap. Hoewel, grap, Henk verdenkt Freek van een diepe doodsangst: de baldadige toon verraadt dat hij zich groot houdt. Freek is een uitstekend voorbeeld van het slag mensen dat hij een denkbeeldige Saskia gisteravond voorhield, iemand die moeite heeft met de gedachte *alleen maar spul* te zijn, waarvan ten slotte niets herkenbaars overblijft. Nu Freek zelf de dood ter sprake heeft gebracht, zou Henk kunnen kiezen voor een pesterijtje. Hij zou wat statistieken ter sprake kunnen brengen. Praten over incidentie, prevalentie. Een anekdote vertellen over een voorval op de IC. Iets zeggen als: Ach, na de dood ben je weg, *poef*, zo simpel is het. Freek wordt daar zenuwachtig van, weet hij uit ervaring, en zal meteen de vertrouwde stellingen betrekken. *Niemand* kan iets zinnigs over het leven na de dood beweren. Niemand kan daar iets over *weten*. Nee, zal Henk antwoorden, niemand kan daar iets over weten omdat de dood betekent dat er niets meer is dat *kan* weten. Ha! Maar na de paar seconden die deze over-wegingen in beslag nemen, laat hij de gedachte aan een pes-terijtje varen: ondanks de opmerking over zijn gewicht is er nog iets van zachtheid jegens zijn broertje blijven hangen. Hij kiest daarom voor het gebruikelijke vervolg: zijn broer heeft een standaardgrap gemaakt, nu is het aan hem het standaardantwoord te geven.

'Een keurige 2,3 per week.'

'Goed zo,' reageert Freek monter. De monterheid is niet alleen een onderdeel van hun kleine ritueel, maar ook het resultaat. Hij lacht zelfs even: een kort, droog geluid dat onmiddellijk weer wegsterft. Vervolgens begint hij over de zaak. Ook zoiets: *de zaak.* Nooit de fabriek of mijn werk of desnoods het werk, nee, de zaak. De zaak stijgt boven het individuele belang uit. De zaak is meer dan spul. Freek heeft Henk weleens rondgeleid in het lelijke gebouw in het westen van de stad, door een grote hal met machines die stampten en raasden, bediend door kalme mensen met felgele oorbe-schermers op, in beige overalls met een bedrijfslogo. Henk luistert met een half oor naar de wederwaardigheden van de zaak (nieuwe machinepers, zakenreisje naar China) totdat Freek opeens van onderwerp verandert.

'Zeg, ik heb een briljant idee. We gaan vanavond barbe-cueën. Voor Rosa. Klein gezelschap. Wat vrienden, de bu-ren, paar kameraadjes van school. Jij komt ook, dan kun je haar zelf feliciteren. Laten we zeggen een uur of vijf.'

Het staccato is een teken van onzekerheid. Freek, be-grijpt Henk, heeft zich laten meeslepen door een oplaaiend vlammetje van broederliefde of door de verleiding een ro-yaal gebaar te maken, maar heeft daar getuige het staccato onmiddellijk spijt van. Hij weet ook waarom: Freek is bang dat Henk niet goed in het gezelschap past. En daar heeft

Freek een punt. De kans is groot dat hij een vreemde eend in de bijt zal zijn. Henk herinnert zich vaag een gepensioneerde vlieger en zijn derde vrouw, een handvol collega's en een keramiste met wie Freek en zijn vrouw om een of andere reden innig bevriend zijn. Bij de kameraadjes stelt Henk zich schitterend jong volk voor dat van niets weet maar dat niet in de gaten heeft en de manier waarop het alles in de schoot geworpen krijgt vanzelfsprekend vindt. Hij voelt er dus niets voor om de uitnodiging te aanvaarden. Dat is geen probleem. Freek heeft al spijt en zal hem alle ruimte laten de uitnodiging af te slaan.

'Vanavond? Ik had eigenlijk al plannen...'

'Maar nu heb je een beter plan.'

'Ja. Nee, ik bedoel eigenlijk dat ik Schurk liever niet alleen laat...'

'Ach, kom, zo acuut is het toch niet? Doe het voor Rosa. Ze is dol op je, dat weet je toch?'

Henk wrijft opnieuw over zijn schedel. Freek heeft niet alleen door dat hij niet wil, maar ook dat hij erop rekent dat Freek zal meewerken aan een excuus, en dat doet Freek niet, want Freek kan het niet laten om zijn grote broer te laten spartelen. De vraag is: laat hij uiteindelijk los of niet?

'Ik heb niet eens een cadeau...'

'Kom zeg, je hebt nog de hele zaterdag. Zeg nou maar gewoon ja, zodat we kunnen ophangen.'

Hij zegt ja. Ze hangen op. Het is goed voor te stellen hoe aan beide kanten van de lijn de broers nog een paar tellen bewegingsloos blijven, stil, in gedachten verzonken, in beslag genomen door de vraag wat er precies is gebeurd, wat er precies is gezegd en bedoeld, want zoals gewoonlijk is tijdens het gesprek een afgrond opengegaan, een kloof van onbegrip en vervreemding, gevoed door reflexen waarvan

27

ze zich de oorsprong niet herinneren of zelfs nooit hebben gekend, en gevoed door wantrouwen dat met de jaren is gegroeid en vervolgens verkalkt tot iets waar geen beweging meer in te krijgen is. *Bijna* geen beweging. Want het is ook goed voorstelbaar dat in die paar tellen van bewegingsloze stilte niet irritatie de overhand krijgt, niet afkeer of zelfs haat, maar een vaag gevoel van verdriet, van spijt, van zelfverwijt misschien. Waarom hebben ze het zover laten komen? Was dit een noodzakelijke uitkomst? Dat is in elk geval wat er bij Henk komt bovendrijven, dat verdriet, die spijt, een vaag schuldgevoel, zodat hij beduidend langer dan een paar tellen bewegingsloos blijft, in gedachten verzonken, en pas na enkele minuten in beweging komt, langzaam, voorzichtig, als een revalidant die zijn eerste passen zet.

***

Het stadje ligt even na negen uur al verdoofd in de zon. Het licht blinkt en blikkert. Er is nauwelijks iemand te zien. Het is goed mogelijk, overweegt Henk, dat er zojuist een grote ramp heeft plaatsgevonden die zich hier nog niet heeft laten gelden, maar dat elk moment kan doen: elk moment kan, zeg, de schokgolf van een atoomexplosie het stadje wegvagen. De huizen zullen verdampen. Hij zal verdampen. Schurk, thuis in zijn mand, in slaap, zal verdampen. Terwijl hij oversteekt naar de schaduwzijde van de straat vraagt hij zich af hoe groot die ramp eigenlijk zal zijn. Van het een zal het ander komen. Er is een goede kans dat wij het niet overleven en dat de beschaving zal verdwijnen. Een groot deel van de planten en dieren zal verdwijnen, maar niet alles, omdat her en der in hoeken en kieren onnoembaar leven zich zal handhaven, onverwoestbaar dankzij de robuustheid van miljarden jaren selectie. De aarde zelf zal blijven cirkelen en tollen en heeft zo veel tijd tot haar beschikking dat ze niet schrikt van een ramp: zij zal zich herstellen, niet door weer de oude te worden, maar door een nieuwe gedaante aan te nemen. Uit het restant van leven zullen nieuwe soorten evolueren, *most beautiful and most wonderful*, en met wat geluk ook verbeeldingskracht, en daarmee kunst, wetenschap en de documentaires van National Geographic, waar hij een zwak voor heeft. Met een geduld waarin millennia tellen als seconden is immers alles mogelijk. Alles stroomt, denkt Henk, terwijl hij de koelte van de kaaswinkel binnengaat, en alles is in alles. Er is dus geen reden tot onmiddellijke zorg.

In de winkel is het drukker dan op straat. Er staan drie vrouwen bij de vitrine. De vitrine laat zoals altijd een verrukkelijke overvloed zien. Henk voelt zich hierdoor gesterkt. De wellustige uitstalling impliceert niet alleen diep en vrijwel eindeloos genot, maar geeft hem ook een sensatie van veiligheid. Al die rijkdom, al die robuuste welvaart. Hij zucht diep terwijl zijn ogen over de kaasjes gaan.

'Kan ik u helpen?'

De kaasboer heeft een rond gezicht met een passende melkwitte huidskleur en een al even passende uitdrukking van diepe verzadiging en een onverwoestbaar goed humeur. Tegelijk met de vraag gaat de kin een fractie de lucht in, maar de beweging is subtiel en leidt niet tot een gewaarwording van dwang – hooguit van lichte aanmoediging. Aanmoediging heeft Henk niet nodig. Hij bestelt een stuk jong belegen. Vervolgens bestelt hij een stuk Parmezaanse kaas, een puntje Rochebaron en een stuk Cantal. Dat laatste was niet de bedoeling maar de bestelling voegt zich in de rij zonder dat Henk vooraf wordt geraadpleegd.

'Nog iets?'

Hij vraagt om een bakje kaasdip.

'Niet te veel,' voegt hij eraan toe, geschrokken, maar dat lijkt de kaasboer niet te horen. De man houdt een tot de rand gevuld bakje omhoog.

'Zoiets?'

Henk knikt. Hij schaamt zich. Impulsaankopen verraden zijn gebrek aan discipline. Ze laten zien wat hij werkelijk is: een vraatzuchtige slons. Freek had gelijk. Hij is de afgelopen jaren aangekomen, niet veel, misschien een pondje per jaar, maar al met al genoeg voor een opgezet gezicht, een aanzienlijke buik en vlezige borsten die meebewegen als hij met enige vaart de trap neemt en die Freek pesterig aanduidt met *mannentietjes*. Overgewicht is voor Henk niet een gezondheidsprobleem of een esthetische aangelegenheid (hoewel hij met de jaren de spiegel is gaan mijden: ijdelheid is hem niet vreemd), maar allereerst een morele kwestie. Het gaat om een karakterzwakte; een gebrek aan standvastigheid; een schandelijk verraad aan wie en wat hij wenst te zijn. Hij voelt daarom niet zozeer ergernis of bezorgdheid, maar schaamte. Dat heeft nu, in de kaaswinkel, na het aanvaarden van dat veel te volle bakje kaasdip, gevolgen voor zijn gedrag.

Hij slaat zijn ogen neer. Nadat hij heeft betaald grist hij het tasje met kaas van de counter en draait zich om, gehaast, uit verlangen zo snel mogelijk het toneel van zijn vernedering te verlaten. Dat lukt niet: hij botst tegen een man aan die na hem is binnengekomen. Hij mompelt een excuus en wil verder lopen, maar herkent nog net op tijd zijn onderbuurman en blijft abrupt staan, ruw aangelijnd door een reflexmatige beleefdheid. De man heeft zoals gebruikelijk een chagrijnige uitdrukking op zijn grove, pokdalige gezicht, dat grauw ziet ondanks de met paarse bloedvaten door-

aderde wangen. Met fletse blauwe ogen kijkt hij Henk onbewogen aan, als een reptiel ergens op een rots, wachtend op
prooi. Henk doet een halve stap naar achteren. Hij moet iets
zeggen. Hij zegt iets:

'Buurman...'

Hij is zijn naam vergeten! De aanduiding *buurman* is een
noodsprong. Terwijl de man hem onbewogen blijft aankijken (elk moment kan de bek opengaan en een plakkerige
tong naar buiten rollen) doorzoekt Henk paniekerig zijn geheugen. Iets met een G. Van Gerwen? Gerbrandy? Groe-
neveld? De voornaam weet hij sowieso niet. Toen hij kort
na de verhuizing aanbelde om kennis te maken, noemde de
man alleen zijn achternaam. Een scherpe, glanzende klank.
Twee lettergrepen. Grafdijk, Graafsma, Gerrits? Net zoals
nu keek de man hem onbewogen aan. Uit de voordeur van
de benedenwoning woei een lucht van vreugdeloos eten en
vastgekoekt stof, al decennia niet verplaatste meubels, gestorven huisdieren, onwrikbare gewoontes, een leven waar
geen drift meer in zat. Het was midden op de dag maar de
woning maakte een duistere indruk. Ergens in die duister-
nis moest zich een vrouw bevinden want Henk hoorde een
vrouwenstem, monotoon, als in een klaagzang. *Waar zijn de
kinderen gebleven, waar zijn de kinderen naartoe?* Ze liet zich
niet zien. Hij weet nog altijd niet hoe ze eruitziet, maar wel
dat ze kanker heeft. Dat heeft haar man hem een keer verteld, niet bij die eerste kennismaking, maar later. *Volgens de
dokter zit het overal.* Ze leeft nog altijd maar haar klaagzang
heeft hij nooit meer gehoord, al is het pand tamelijk gehorig,
en vangt hij in zijn woonkamer geregeld het geluid van de televisie op.

'Buurman... Stukje kaas nodig?'

'Nee, eieren. Voor de cake.'

'Toe maar,' zegt Henk opgewekt, 'is er iemand jarig?'

'We hebben altijd cake in het weekend.'

Henk knikt. Hij glimlacht. Hij benadrukt een uitdrukking van welwillendheid.

'Lekker. Ik ben dol op cake.'

Er glijdt een schaduw van verwarring over het gezicht en Henk begrijpt waarom: de man vraagt zich af of Henk naar een uitnodiging vist. Dat doet Henk beslist niet.

'Zeg, buurman...'

Daar: Goudzwaard! Fred Goudzwaard. De man heeft zich destijds voorgesteld met voor- en achternaam, maar verder ging het ongeveer zoals Henk zich herinnerde: de chagrijnige reptielenkop, de deprimerende geur die uit de woning woei, de klaagzang van de onzichtbare vrouwenstem. Zo nu en dan komt hij de onderbuurman tegen, vaak op de stoep voor het huis. Ze groeten elkaar met een hoofdknik. Een enkele keer voeren ze een gesprek. Tijdens een van die gesprekjes liet Henk vallen dat hij ic-verpleegkundige is. Dat leek de man te interesseren. Mijn vrouw, zei hij, is ziek. Ze heeft al drie keer op de ic gelegen. Het is een wonder dat ze nog leeft. Henk vroeg wat haar mankeerde. De man trok zijn wenkbrauwen op, verbaasd, alsof Henk dat al had moeten weten. Kanker, zei hij toen. Volgens de dokter zit het overal. Henk is geoefend in het voeren van lastige gesprekken maar lastig blijven ze, zeker als de dood eroverheen ademt. Hij heeft geleerd om te wachten. In de ruimte die hij aldus liet, begon de man te vertellen: over de wijkverpleging, de kat, een dochter die in Zuid-Afrika woont ('getrouwd met zo'n zwarte'), dat hij in Amsterdam is geboren en soms nog droomt over de straten waarin hij is opgegroeid, in de Admiralenbuurt, er waren altijd kinderen, we voetbalden met een varkensblaas die we van de slager kregen, maar die is er niet meer. Hij viel stil. De fletse ogen vulden zich met tranen die hij wegveegde met de rug van zijn hand. Vervolgens wees hij in de richting van het stadhuis. Morgen is er markt, zei hij. Toen, zonder nog iets te zeggen, draaide hij zich om en liet Henk op de stoep achter.

'Goudzwaard, ik heb een beetje haast, dus... Geniet van de cake hè?'

Henk knikt en glimlacht en legt zelfs even zijn vrije hand op de bovenarm van de man, maar wacht de reactie niet af en loopt met grote passen naar de deur, waar net iemand binnenkomt zodat hij een beleefde stap achterwaarts moet doen, een vrouw met een kinderwagen die blijft steken op de drempel, hij helpt haar door de kinderwagen even op te tillen, ze bedankt hem, een meisje nog, ziet hij, dat kan nooit de moeder zijn, misschien een au pair, maar dan is de deuropening vrij en stapt hij naar buiten. Hij is ontsnapt maar de vluchtreflex laat zich niet meteen bedwingen en daarom beent hij blindelings naar links, de verkeerde kant op, draait om zodra hij de vergissing ontdekt, realiseert zich dat hij niet opnieuw langs de kaaswinkel wil komen omdat hij zijn buurman wederom tegen het lijf zou kunnen lopen, steekt over en gaat de eerste de beste steeg in die hem via een omweg weer op de gewenste route brengt: die naar de boekhandel.

De omweg blijkt een zegen. Hij geeft hem een paar minuten om in de vrijwel uitgestorven straten – waar de gevolgen van die atoomramp nog altijd niet zichtbaar zijn, maar zich wel degelijk laten voorstellen: kijk naar dat helle licht en de diepe schaduwen, naar het gescheurde plastic bakje met een restant ketchup in de goot, naar de manier waarop de vlaggetjes van de Blokker zich roerloos houden – om in de uitgestorven straten tot zichzelf te komen. Zijn hersenactiviteit hergroepeert zich in de prefrontale cortex. De teugels worden aangetrokken. Hij krijgt dienstopdrachten die hij gehoorzaam uitvoert: verlangzaam de pas, benadruk de buikademhaling, ontspan de schouders.

***

Tegen de tijd dat hij de boekwinkel binnengaat, is Henk min of meer de oude. De boekwinkel zelf bestendigt zijn herstel – dat paradijs van kalmte, van orde, van de geur van nieuwe boeken, van kennis en vooruitgang, van beschaving, waar hij vrijwel elke week komt om zijn boekenvoorraad uit te breiden, al is dat dit keer niet de reden van zijn bezoek. Hij is hier om een cadeau voor Rosa te kopen. Hij heeft al een idee welk boek hij wil hebben, maar aarzelt nog. Hij denkt aan *Kees de jongen* en dat komt door Rosa Overbeek, het meisje op wie Kees verliefd is. Hij las het boek rond de leeftijd die Rosa nu heeft – de Rosa van Freek dus – en werd er diep door geraakt. Hij begreep en voelde elk woord. Op de laatste bladzij kust Rosa Kees. Ze vlucht vervolgens weg, geschrokken van haar drieste toenadering, maar Kees begrijpt dat door de kus alles anders is geworden. Hij loopt naar huis over de stille gracht, alleen, eerst nog als verdoofd, maar al snel met jubel in zijn borst. De voorbijgangers hebben geen idee wie daar loopt, beseft hij, ze denken dat hij een doodgewone jongen is, dertien in een dozijn, maar in werkelijkheid... Dus ja, het is een schitterend boek, daar valt echt niets aan af te doen, een Hollandse klassieker.

Aan de andere kant: waarom zou een boek uit 1923, dat hij rond 1979 las, nu nog indruk maken op een meisje dat hij goedbeschouwd nauwelijks kent? Wacht, dat laatste is niet waar. Hij heeft een echte band met Rosa. Na de scheiding leek ze zich over hem te willen ontfermen. Hij had geen idee waarom. Is dat iets wat meisjes van veertien doen? Of behoorde ze tot de categorie vrouwen die zich graag ontfermt over hulpeloze mannen? Hoe dan ook, ze hielp hem toen hij in Weesp bezig was om het huis op te knappen. Al doende voerden ze gesprekken die soms een verrassende wending namen. Op een dag vroeg ze: 'Hoe oud was jij toen je voor het eerst seks had?'

Hij schrok zich een hoedje. Hij is van een generatie voor wie praten over seks niet zo eenvoudig is, ondanks de reputatie van vrijheid-blijheid die de jaren waarin hij opgroeide nu hebben.

'Jezus, Rosa, wat een vraag...'

'Je hoeft het niet te zeggen, hoor, ik ben gewoon nieuwsgierig.'

Dat praten over seks niet zo gemakkelijk voor hem is, is niet zozeer verlegenheid, maar onvermogen. Hij heeft het nooit geleerd. Hij is niet fatsoenlijk voorgelicht. Zijn kennis is onevenwichtig, goeddeels gebaseerd op de eigen ervaringen, en daar zijn geen boeken over vol te schrijven. Bovendien begreep hij dat Rosa niet werkelijk vroeg naar zijn ervaringen, maar informatie zocht over haar eigen seksualiteit – niet bepaald vertrouwd terrein voor een kinderloze vijftiger die nog natintelde van een scheiding. Maar goed, hij zat naast een meisje van veertien dat een eerlijk antwoord nodig had, dus hij raapte zijn moed bij elkaar.

'Ik was negentien,' vertelde hij. 'Ik werkte in het Slotervaart Ziekenhuis, op de afdeling neurologie, en had seks met een collega. In het schoonmaakhok. Ik vond het afschuwelijk.'

Oh, de schaamte! De treurigheid van dat schoonmaakhok met het tl-licht tegen het kale plafond en de gegoten beton-

35

vloer en de planken van wit fineer met schoonmaakmidde-
len en het geïmproviseerde bed van roze en blauwe schoon-
maakdoekjes, de lekkende kraan en de nog volle dweilem-
mer en de geur van stilstaand water en... Wat bezielde hem?
Waarom had hij zich laten meenemen? Omdat hij dat nu
eenmaal deed, toen, zich laten meenemen. Hij was negentien. Zijn leven overkwam hem. Het trok aan hem voorbij en
deelde zo nu en dan een tik uit. Kom, had ze gezegd, en nam
hem bij de hand. Ze gingen het hok in. Ze deed de tl-lampen
aan. Ze deed de deur op slot. Ze knoopte haar schort los.
Oh, de schaamte... Haar borsten in dat genadeloze licht, de
blauwe adertjes, het door praktisch ondergoed platgedrukte
schaamhaar, de matte kleur ervan...

Rosa vroeg waarom het afschuwelijk was.

'Ik wist niet echt wat de bedoeling was,' legde hij uit, 'dus
ik deed maar wat. Ik was bang dat ik naar zweet stonk, dat
iemand ons zou horen, dat ik haar pijn zou doen... Ik genoot
er geen seconde van en voelde me na afloop beroerd en vies
en een mislukking.'

Rosa's bewegingen vertraagden en vielen toen stil. Ze
staarde naar de muur. Hij had geen idee wat ze dacht maar
zag haar ernst. Toen doopte ze de kwast in de verf en begon
weer te strijken.

'Ik heb al seks gehad,' zei ze toen.

Dus dat was het. Het klonk laconiek genoeg maar hij begreep dat het allemaal hierom draaide, dat ene zinnetje, het
monumentale feit van de Eerste Keer dat elke cel van haar
lichaam in beslag nam en elke zenuw liet tintelen, elke spier
animeerde en elke ademhaling droeg. Oh ja, hij begreep het:
als ze het niet had kunnen zeggen, was ze uit elkaar gebar-
sten. Wat ze in vijf woorden beschreef, was een *rite de passa-
ge*, een onomkeerbare handeling die het kind in een volwas-

sene veranderde. Volwassene! Ze was veertien! Nu was het Henk wiens bewegingen vertraagden en uiteindelijk stilvielen.

'En het was best fijn...'

Hij staarde voor zich uit naar de muur maar zag niettemin hoe ze een snelle blik op hem wierp. Hij moest reageren. Hij moest laten weten dat hij haar had gehoord en begrepen, maar vond nog altijd geen woorden. Veertien, dacht hij, veertien.

'Je mag niets tegen pappa zeggen hoor,' zei ze, fel opeens.

Jezus, nee! Het was ondenkbaar dat hij iets tegen Freek zou zeggen. Hun relatie was na de scheiding op een nieuw dieptepunt beland. Zijn jonge broer was meedogenloos. Wat maak je je druk om een beetje overspel? Kom op zeg, welke man is tegenwoordig nog volledig trouw? En heb je nagedacht, überhaupt *nagedacht*, over de financiële consequenties... Rosa hoefde zich geen zorgen te maken. Het was ondenkbaar dat hij Freek iets over haar zou vertellen. De kale vlakte die tussen hem en zijn broer lag kende niet het minste reliëf om een dergelijke intimiteit te herbergen.

'Natuurlijk niet,' zei hij. 'Ik ben Gekke Henkie niet.'

Rosa giechelde.

'Weet je dat mijn vriendje mij Rare Rosa noemt?'

'Omdat je seks met hem hebt gehad?'

'Nee, daarvoor al. Hij vindt me gewoon een beetje maf en wild. Soms ben ik ook best wel een beetje apart...'

Het was behaagziek, de manier waarop ze zichzelf beschreef, de onafhankelijkheid die ze suggereerde, de persoonlijkheid, een echte wilde meid, maar Henk vergaf het haar. Ze was ontmaagd, misschien als eerste van haar vriendinnen. Ze zweefde, ze duizelde. Hij zat naast een meisje dat zich moest voordoen als vrouw.

'Rare Rosa en Gekke Henkie.'

Ze schoot in de lach. Hij grijnsde. Toen, ernstig weer, herhaalde ze met nadruk: 'Ik meen het hoor. Je mag echt niks tegen pappa zeggen, want die wordt he-le-maal gek.'

Hij heeft nooit iets gezegd en hun band is uitgegroeid tot vriendschap, nee, geen vriendschap, dat staat het verschil in leeftijd nog niet toe, maar toch iets wat tamelijk hecht is. Er is genegenheid, er is vertrouwen. Af en toe belt ze. Zo nu en dan zoekt ze hem op. Ze praten, maken een wandeling en eten samen. Sinds kort drinkt ze een glaasje wijn mee: nog iets wat Freek niet weet.

***

Maar goed, de vraag is dus of hij *Kees de jongen* voor haar zal kopen of niet. Hij stelt de beslissing uit door andere boeken van de plank te halen, erin te bladeren, ze terug te zetten, rond de tafels met nieuwe uitgaven te draaien, en ten slotte in een van de leren fauteuils te zakken die achter in de winkel staan. Het is stil. Achter de kassa zit de eigenaar te lezen. Bij de kinderboeken staat een vrouw in een jurk met een motief van afgehaalde druiventakjes. Mooi. Buiten komt een brommer voorbij. Dan, weggezakt in de fauteuil, en misschien daardoor weggezonken in zichzelf, herinnert hij zich hoe hij als jongen bij zijn vader achter op de Solex zat. De beelden komen met een verrassende scherpte. Hij is acht of negen. Ze rijden door een ijskoud winterlandschap. Het wordt al donker. De rug van zijn vader beschut hem tegen de kou. De grijsbruine jas geeft een kille kastgeur af. Links en rechts ziet hij flitsen van bevroren sloten en verlaten kruispunten met een enkele straatlantaarn. Als ze eindelijk thuiskomen is hij zo stijf dat hij moeite heeft om af te stappen. Zijn benen voelen raar aan als hij over het tuin-paadje naar de achterdeur loopt, alsof ze door een ander worden bewogen, God misschien, iemand die hem goedge-zind is en probeert te helpen, zodat hij inderdaad de keuken-deur bereikt.

De herinnering roept andere herinneringen op, zoals dat gaat, en zo zit Henk een tijdje in gedachten verzonken, mee-gevoerd door wat zijn geheugen plotseling zo ijverig aan-sleept. Het overkomt hem geregeld dat een onbenulligheid hem een herinnering brengt. De herinnering brengt een schietspoel in beweging die op zijn levenslijn heen en weer gaat, steeds sneller, *swoesj-swoesj*, en in tellen een hele reeks herinneringen weeft, zodat een flard van zijn levensverhaal hem opeens als een rommelig wandtapijt voor ogen staat: de tocht met de Solex dus maar ook een fietstocht, veel la-ter en met zomers weer, langs de Waal ('Ik ging naar Bom-mel om de brug te zien,' declameerde zijn moeder, met haar handen los van het stuur en opgeheven, alsof ze de poëzie dirigeerde, 'Ik zag de nieuwe brug...'); vervolgens, nog weer later, zijn oudste broer in een versleten bank op de gesloten afdeling van een psychiatrisch ziekenhuis, onderuitgezakt, suf van de medicijnen; dan de grijze, natuurstenen venster-bank in de studeerkamer van zijn vader met een foto van Er-nest Hemingway; en ten slotte de met kraanwater gevulde zinken teil in het achtertuintje in de Pluimessenlaan, waarin hij en zijn broers op hete dagen konden afkoelen, en de limo-nade-ijsjes die zijn moeder op zulke dagen maakte in vorm-pjes van Tupperware, waar ze in korte tijd zowel de kleur als smaak uit zogen zodat er niets dan broos, doorschijnend ijs overbleef, kleur- en smaakloos natuurlijk, maar nog al-tijd een traktatie. Zo wordt Henk nog eens ingewreven hoe snel de tijd is gegaan en hoe onwrikbaar de richting ervan is. Licht breidt zich rechtlijnig uit, leerde hij bij natuurkunde. Hetzelfde geldt voor de tijd en het verbaast hem niet dat de twee verknoopt zijn in het lichtjaar – een maat die op slag duidelijk maakt dat sommige afstanden niet meer overbrugd kunnen worden.

De herinneringsvlaag wordt een halt toegeroepen door een sensatie die hij goed kent: dat hij op het punt staat als zand uit elkaar te vallen. Het is een krachtige sensatie, bijna hallucinant, in de zin dat hij daadwerkelijk *iets* als zand uit elkaar voelt vallen. Het is een onaangename sensatie en daarom schudt hij haar af, letterlijk, met een ongeduldige beweging van de schouders. Die eenvoudige ingreep heeft meteen effect. Zijn besluiteloosheid verandert in daadkracht. Hij concentreert zich. Hij verzamelt zijn krachten. Hij komt overeind uit de stoel. Hij loopt naar de kast met boeken en daar gaat zijn hand omhoog –

Een paar weken later zal het voorval bij Henk terugkeren. Hij zal zich erover verwonderen en zich afvragen wat er nu eigenlijk gebeurde. Waar kwam die sensatie van uit-elkaar-vallen vandaan? Was het dat gevoel van onoverbrugbaarheid: dat een ooit zo vanzelfsprekend leven niet meer bereikbaar is? Nee, zal Henk denken, dat is nog te verdragen, misschien omdat het gevoel zo gewoontjes is, op het banale af, ongeveer zoals diabetes dat is voor een diabeticus. Hij zal een andere verklaring vinden: de sensatie vloeide voort uit het lukrake karakter van de vlagen. Zijn herinneringen vormden geen verhaal, geen elegant gobelin maar een lappendeken, losjes aan elkaar genaaid door een geheugen dat lak heeft aan chronologie, consistentie of welke orde dan ook. Die achteloosheid attendeerde op een gebrek aan soliditeit dat geregeld aan Henk knaagt. Er is zo weinig, beseft Henk, dat Henk bij elkaar houdt. Ga maar na. Henk is een lichaam dat zich van dag tot dag vernieuwt maar desondanks veroudert. Henk bestaat uit hersenen die zo verdeeld zijn dat de ene kwab geen benul heeft van de andere, laat staan wat daar gebeurt. Henks stemmingen spoelen over hem heen als een onvoorspelbaar tij. En Henks herinneringen tellen op tot wat de gek ervoor geeft. De sensatie als zand uiteen te vallen was dus niet toevallig. Ze gaf heel precies zijn onbehagen weer, de twijfel aan zijn kern, aan wat hij zo achteloos ik noemt, ik, Henk, en het besef dat zijn kennis van dat ik en van die Henk voor-de-gek-houderij is, een moeras waarin hij zou kunnen verdwijnen, al is dan natuurlijk de vraag wie of wat er eigenlijk verdwijnt.

Het was evenmin toeval, zal Henk zich realiseren, dat de sensatie hem overviel in een boekhandel. Hij heeft lang gedacht dat zijn gebrek aan soliditeit een gevolg was van zijn leeslust. Door te lezen, zo redeneerde hij, drong hij door in de denk- en gevoelswereld van andere mensen. Dat voedde zijn empathie maar verwaterde de eigen persoonlijkheid, ongeveer zoals we in gezelschap aan eigenheid inboeten. Met elk boek dat hij las, verloor hij iets van zichzelf. Zijn Henkerigheid werd op het altaar van zijn leeslust geofferd aan Hamletterigheid, Raskolnikoverigheid en Bloomerigheid. Elk woord dat hij tot zich nam werd een litteken dat verraadde waar Henk zich in eigen vlees had gesneden. Niet dat hij het lezen kon laten. Hij had leren lezen als kind en talloze verrukkelijke uren doorgebracht met een *boekje in een hoekje*, zoals zijn ouders hem later voorhielden. Hij las en las en las. Hij las *Biggles* en *Bob Evers* en *De dolle tweeling* en *Pitty naar Kostschool*. Hij las de *Donald Duck*. Hij las de bijbel en de psalmen in zijn psalmboek. Hij las de *Encyclopedie voor de jeugd* die hij van een grootmoeder kreeg. Al lezende leerde hij het wonder van de verbeelding kennen: het vermogen om nieuwe werelden te betreden, om buiten de eigen oevers te treden en uit te vloeien over nieuwe grond, zoals Nederlandse rivieren dat doen in een nat voorjaar. Eenmaal in de ban van het lezen, van zijn verbeelding, was er geen macht ter wereld die hem kon weghouden bij een boek. En zelfs toen in zijn jongvolwassenheid het bange vermoeden groeide dat lezen een eroderend effect had op zijn persoonlijkheid en hij, als lezer, onderhevig raakte aan tegenstrijdige impulsen, aan een ongemakkelijke mengeling van liefde voor en afkeer van boeken, verlangen en angst, intimiteit en vervreemding, wel, precies zoals in een huwelijk, kon hij het niet laten telkens weer een boek op te pakken en te lezen.

Het gevolg was dat zijn leesleven zo nu en dan het volgende tafereel liet zien. Hij had een boek uit. Hij stond voor zijn boekenkast om een nieuw boek te kiezen. Zijn ogen gingen langs de ruggen. Hij voelde een zeker welbehagen dat sterk leek op het welbehagen dat hij in de kaaswinkel voelde bij het zien van al die kaas. De overvloed! De geruststelling van zo veel weelde! Hij sorteerde terwijl hij langs de rijen ging: al gelezen, nog niet gelezen maar geen zin in, te dik, te dun, even geen Engels alsjeblieft, misschien toch nog een keer Nabokov proberen, nee, toch maar niet, enzovoort. Maar dan opeens trok er een grimas van woede over zijn gezicht, balden zijn vuisten zich en stond hij als een bokser tegenover zijn boeken. Oh, zou hij hebben gedacht als hij de moeite zou hebben genomen om te denken, wat een walgelijke gewoonte, dat lezen, wat een verspilling van tijd, al dat geveinsde leven! Ja, geveinsd leven: zich zittend in een stoel de ervaringen van verzonnen personages eigen maken. Wat een armzaligheid! Wat een escapisme! En wat een vernietiging van de eigen persoonlijkheid! Wie hem op zo'n moment zou hebben gezien, zou werkelijk versteld hebben gestaan omdat de wisseling van stemming zo abrupt was, zo heftig, maar ook zo kort, want lang duurde zo'n vlaag van woede en afkeer nooit. Zijn verlangen won. Al snel viel zijn oog op een boek dat hij wilde lezen, dat hij beslist wilde lezen, ja, dat hij al heel lang van plan was te lezen, het was er alleen nooit van gekomen, maar nu kwam het er eindelijk van.

Zulke scènes doen zich tegenwoordig niet meer voor. Met de jaren is Henk tot het inzicht gekomen dat zijn gebrek aan soliditeit niet een persoonlijke, maar een algemene trek is. Wat voor hem geldt, geldt voor iedereen, en dat heeft met lezen niets te maken. We zijn allemaal schimmen, met verhalen bekleed spul, en dat maakt ons vloeiender dan ons lief is maar wat ons lief is doet er niet toe. Met dat inzicht is Henks onbehagen goeddeels gekalmeerd en komt de sensatie van uit-elkaar-vallen minder vaak voor, al kan hij er nog steeds door worden overvallen, zoals dat gebeurde in de boekwinkel.

En zo, terugkijkend op dat moment in de boekhandel, leert Henk iets over zichzelf. Het geluid van de brommer, de herinneringsvlaag, de sensatie uiteen te vallen... Hij zag het oude onbehagen, maar belangrijker, ook hoe hij dat meteen weer van zich afschudde met een schouderbeweging. Hij zag ook waar hij vervolgens houvast vond: bij de boekenkast. Hij stond op, liep naar een van de kasten en daar ging zijn hand omhoog, zonder de geringste aarzeling, omdat hij inmiddels precies wist welk boek hij Rosa wilde geven.

Dat daar.

***

Al op weg naar huis bedenkt Henk dat hij ook iets mee moet nemen voor Freek en diens vrouw, zijn schoonzus, Julia. Hij draait om en loopt naar de slijter. Daar koopt hij een fles rode wijn, een donkerrode Médoc, waarvoor hij meer dan dertig euro betaalt. Dat vindt hij een belachelijk bedrag maar Freek is een wijnkenner en hij heeft geen zin in een sneer. Als hij zijn portemonnee tevoorschijn haalt valt zijn oog op een schap met sherry en moet hij aan Maaike denken, een oud-collega, een vriendin vooral, die in het plaatselijke verpleeghuis woont. Hij zoekt haar geregeld op en neemt steevast een fles sherry mee, die ze meestal meteen opent. Hij aarzelt een paar tellen (hij wil Schurk niet te lang alleen laten en de kaas wordt er in de hitte niet beter op), maar koopt dan een fles sherry en gaat meteen op weg naar het verpleeghuis, dat even buiten het centrum ligt. Ondanks de hitte zet hij er flink de pas in. De plastic tasjes zwaaien zo nu en dan tegen zijn bovenbeen, maar dat voelt hij nauwelijks. Zijn gedachten zijn bij Maaike. *Maaike* is misschien niet de juiste aanduiding. Beter: wat er over is van Maaike. De kleine maar krachtige vrouw die ze was, is weggeteerd tot een vogelachtige verschijning waarvan de onderdelen niet meer gecoördineerd lijken te bewegen, maar er elk voor zich een gooi naar doen. Met dat lichaam is ook haar geest vervaagd tot een mikado van beschadigde herinneringen, restjes kennis en half onthouden vaardigheden. Niet dat ze eronder lijdt. Ze drentelt vanaf een uur of acht 's ochtends rond met haar rollator, maakt overal een praatje, schaterlacht en giechelt, en nestelt zich rond tienen in de bar waar ze eerst een kopje koffie drinkt maar dan al snel haar eerste sherry. Zo gaat het vandaag ook en het is precies op dat moment dat Henk de bar binnenkomt.

'Henk! Schat!'

Ze herkent hem. Dat is niet altijd zo. Soms heeft ze geen idee wie hij is. Dat geeft niets. Wat ze niet meer weet, verzint ze. Henk is al eens haar zoon geweest, een voormalige buurman en zelfs haar overleden man, kennelijk zonder dat diens levenloze staat in tegenspraak was met de springlevende Henk tegenover haar. Soms verzint ze simpelweg wie en wat hij is, een dokter, een beroemde pianist en een zekere Jansen, handelsreiziger in kantoorartikelen, bij wie ze potloden, gummetjes en schoolschriften bestelde. Wist u, legde ze Jansen uit, dat ik heel erg mooi kon schrijven? Henk, gehoorzaam in zijn rol, knikte naar waarheid: Maaike had inderdaad een opvallend fraai handschrift.

'Dag lieverd...'

Hij kust haar op haar voorhoofd. Onder de druk van zijn lippen geeft haar hele vogelhoofdje mee. Ze draagt een platinablonde, krullende pruik die hoog op haar hoofd balanceert, inderdaad als een nest, en zit aan het gebruikelijke tafeltje, bij de ingang, zodat ze alles goed in de gaten kan houden. Henk gaat zitten en pakt haar hand.

'Hoe is het met je?'

'Goed,' zegt Maaike opgewekt. 'Jazeker. Goed, goed, goed. Niets dan goed eigenlijk. Oh, jawel. Weet je wat me vanochtend is overkomen? Nee, natuurlijk weet je dat niet, maar hoe dan ook, ik kwam net van de afdeling –'

Ze praat. Zo nu en dan nipt ze aan de sherry. Hun gesprek – als dat het is: Maaike is vrijwel onafgebroken aan het woord – schiet alle kanten op. Het kleine vrouwtje dobbert op de eb en vloed van haar beschadigde hersenen. Zo nu en dan improviseert ze behendig. Ze bestelt een glas sherry, vergeet dat onmiddellijk weer, reageert vervolgens verrast als er een nieuw glas voor haar wordt neergezet, maar komt het volgende moment al met een uitleg. Die man vindt me aantrekkelijk, fluistert ze, terwijl ze zich naar Henk buigt, hij biedt me wel vaker een glaasje aan. Ze neemt het glas op en proost stralend in de richting van de barman – een vrijwilliger, neemt Henk aan, een man van rond de zeventig met een gebruind gezicht en spierwitte haren – die beleefd knikt.

'Oh ja,' zegt Henk, 'deze heb ik voor je meegenomen.'

Hij zet de fles sherry op tafel. Maaike negeert zowel hem als de fles. Ze legt een van haar oudevrouwenklauwtjes op zijn onderarm en buigt zich naar hem toe.

'Ik ben de laatste tijd zo verschrikkelijk geil,' fluistert ze.

'Oh,' zegt Henk. 'En hoe komt dat?'

'Geen idee. Veel lekkere kerels zitten hier niet. En de meeste zijn hartstikke gek. Kierewiet!'

Ze gaat met een hand langs haar voorhoofd. De pruik wiebelt mee op haar schedel.

'Ik denk dat het vanbinnen komt. Vanuit mijzelf. Ik zet mijzelf in vuur en vlam! Vuur en vlam!'

Ze kijkt hem aan en tikt met een wijsvinger tegen het puntje van haar neus. Henk grijnst. Met de jaren is Maaike beetje bij beetje verdwenen – de kalme stem die ze had, hoe ze liep, een kopje vasthield, keek, nadacht, giechelde en lachte – maar dat gebaar is er nog: de wijsvinger waarmee ze het puntje van haar neus aanraakt. Het is een gebaar van intimiteit: jij weet precies wat ik bedoel...

'Maar wat doe je eraan,' vervolgt ze. 'Nou ja, ik kan natuurlijk... je-weet-wel... Stoom afblazen! Ik blaas me suf! Ik blaas wel drie, vier keer per dag stoom af! Ik blaas –'

Haar zin wordt gecoupeerd omdat ze opeens de fles sherry ziet. Haar ogen worden groot. Vervolgens kijkt ze in het rond, dan naar de bar, waar de barman een doek over de toog haalt. Ze glimlacht, tilt haar glas op en roept: 'Dank je wel, lieverd! Proost!'

De man kijkt op, knikt en gaat door met poetsen. Maaike maakt de fles open, schenkt zichzelf bij en neemt een slok.

Ze begint te vertellen over een voorval eerder die ochtend maar het tij sleurt haar van het ene op het andere moment naar open zee. Henk kan haar niet meer volgen. Haar zinnen vallen uit elkaar.

'Oh, het was verschrikkelijk... Dat zoiets mogelijk is... En terwijl ik daar gewoon liep... Ja ja, lopen!... En dan de planten, och ja... Maar ik moest er ook om lachen... En toen was hij opeens weg... Die man! Die kerel! Dat zei ik toch?'

Zo gaat het een tijdje door. Henk voelt hoe zijn verdriet optrekt, als kou. Het is de prijs die hij betaalt voor zijn bezoek. Hij glimlacht, hij knikt en houdt haar hand stevig vast, maar het is toneelspel: verborgen in de robuuste gestalte die naast Maaike zit ligt hij jankend op de bank.

'Precies zoals vroeger, Henkie-boy, weet je dat nog? Oh, verschrikkelijk ja, maar we hebben wel wat afgelachen hè, saampjes, ja... Boelieboepsekee! Daar gingen we weer. Och, man! En de planten dansten gewoon mee... Allemaal. De viooltjes! De geranium! De frutseldefluts! Allemaal!'

Ze beeft van het lachen. In haar mondhoeken verzamelt zich schuim. Henk streelt haar hand, dat magere klauwtje, dat zo droog is dat het op dood hout lijkt. Hij zou haar naar zich toe willen trekken en dicht bij zich houden, aan zijn borst, aan zijn mannentietjes, weg van de afgrond waar ze voor staat, van de verwarring en gekte, van de impulsen en invallen die haar nu volledig in hun greep hebben en haar lijken te sarren met de even geconcentreerde als achteloze wreedheid waarmee een groep opgeschoten jongens een zwerfhond sart.

'Kletsnat ben ik soms, maar dat mag je niet verder vertel-

len, zeker niet aan Zacharias... Oh, oompje Zacharias. Pal-
jas, klaverjas, regenjas.'

Ze is achttien jaar ouder dan Henk. Drie jaar geleden was
ze nog de levendige, energieke vrouw die hij indertijd leerde kennen op de IC-afdeling waar zij hoofdverpleegkundige
was, ouder natuurlijk, maar gedreven door dezelfde vitaliteit. Na haar pensioen zocht Henk haar geregeld op in haar
flat in Muiden. Moet je horen, zei ze tijdens een van zijn be-
zoekjes, ik heb alzheimer. Sinds een jaar woont ze in een
verpleeghuis. Omdat haar man is overleden en haar enige
kind in de VS woont, regelt Henk haar zaken. Indertijd, op de
IC, waren de rollen omgedraaid en nam zij hem onder haar
hoede. Dat was nodig. Henk, zag ze, was een reus op lemen
voeten. Hij was een uitstekende verpleegkundige maar trok
zich het lot van al zijn patiënten aan. Hij nam de tijd voor
hun verhalen en voorzag ze van advies als ze daar behoefte
aan leken te hebben. Maaike riep hem tot de orde. Ze legde
hem uit dat een patiënt het beste is gediend met een zakelij-
ke relatie. Het is een kwestie van meerwaarde, zei ze. Jouw
meerwaarde ligt niet in het zingen van psalmen of het vasthouden van handen, maar op verpleegkundig gebied. Wees
dus een verpleegkundige. Henk luisterde en knikte maar
ging vervolgens zijn eigen gang. Wie ontkomt aan zichzelf?
Niet Henk van Doorn. En dus las hij een blinde schrijver ge-
dichten van Borges voor. Hij zong psalmen met een van par-
kinson of angst of beide schuddende dominee. Hij haakte
een babytruitje op aanwijzingen van een stervende vrouw
die op het punt stond overgrootmoeder te worden. Maaike
zag het, schudde het hoofd, maar liet hem begaan. Ze had
haar punt gemaakt, vond ze, dat was voldoende.

'Naadlas, kleuterklas, damestas...'

Na haar derde glas sherry stelt Henk een wandelingetje

voor. Hij volgt Maaike die met haar rollator door de gangen van het benauwde gebouw schuifelt. Ze maakt her en der een praatje of wat daarvoor doorgaat. Uiteindelijk komen ze op haar kamer. Ze draait zich naar hem toe en begint zijn broek open te knopen.

'Oh, zo geil hè... Geil, geil, geil, Henkie-boy...'

Henk laat haar even begaan, maar neemt dan haar handen in de zijne en houdt ze tegen zijn buik aan. Ze kijkt vragend omhoog.

'Maaike, lieverd...'

Ze hoort zijn stem en begrijpt wat hij probeert te zeggen. In de donkere ogen wellen tranen op. Toch blijft ze hem aankijken en hij blijft haar handen vasthouden en zo staan ze daar een tijdje, die twee, met die hele geschiedenis van ze, waar zij nauwelijks meer iets van weet maar hij wel want hij is degene die het zich allemaal herinnert, niet zij, zij is door haar ziekte kort aangelijnd aan de pin van het ogenblik, kijk maar in de *oubliette* van haar ogen waarin de tranen opdrogen omdat ze de bron ervan alweer vergeten is, en een paar tellen vraagt hij zich af – niet voor het eerst – wat erger is: vergeten of herinneren.

***

Ze doet het wel vaker. Ze probeert hem te kussen of grijpt in zijn kruis of pakt een van zijn handen en legt die op een magere borst. Soms doet ze het in het openbaar, in het café of de hal, en soms neemt ze hem mee naar haar kamer, zoals nu, op dagen dat er in de ravage van haar hersenen kennelijk nog een paar muurtjes decorum overeind staan. Henk gaat zo zachtzinnig mogelijk met haar ongepaste gedrag om. Hij wil haar geen pijn doen. Hij wil niet dat ze verdrietig wordt

of zich schaamt. Bovendien is Maaikes gedrag niet zo ongepast als het misschien lijkt: Henk en Maaike hebben ooit
een affaire gehad. Seks is dus geen onbekend terrein voor
ze. Hoewel ze de affaire al lang geleden hebben beëindigd,
is er altijd een vage maar bewuste lichamelijke spanning tussen hen blijven bestaan. Nu bij Maaike de remmingen zijn
verdwenen komen die oude gevoelens weer bovenhuids, on-
beteugeld, en grijpt ze hem naar zijn geslacht, duwt haar
tong in zijn mond of drukt zijn hand tegen haar borst. Om
geen misverstanden te laten ontstaan: ook Henk voelt nog
een restant van die seksuele spanning, al is de vrouw van
wie hij indertijd niet af kon blijven vrijwel verdwenen. Soms
reageert zijn geslacht op haar toenadering en loopt het vol
met bloed, deels reflexmatig, maar deels ook als een specifieke reactie op de aandacht van juist deze vrouw – of beter: wat hij zich van deze vrouw herinnert. Ze hadden drie
of vier keer in de week seks, afhankelijk van hun rooster,
doorgaans haastig en soms ongemakkelijk, in een auto of
een verlaten onderzoekkamer, bang om betrapt te worden,
en opgejaagd door schuldgevoel want ze waren allebei gelukkig getrouwd. Dat laatste vonden ze moeilijk. Ze hielden
werkelijk van hun partners en voelden geen enkel verlangen
om ze te verruilen voor een ander, en toch konden ze zich
niet uit hun affaire losmaken. Ze waren zwak.

Dus wat dreef ze eigenlijk, denkt Henk, die inmiddels in
de zinderende hitte van de late ochtend op weg is naar huis,
gehaast, bezweet, en de plastic tasjes slingerend tegen zijn
dijen zodat hij af en toe een vlaag kaasgeur opvangt – een
zware, sensuele geur, op de grens van verrukkelijk en onverdraaglijk, die er mogelijk toe bijdraagt dat zijn gedachten
niet vooruitsnellen naar Schurk, maar nog even blijven hangen bij Maaike. Wat dreef ze? Wat dreef hem? Misschien

dit: Maaike vertegenwoordigde voor Henk de droom van Bandeloze Seks. De seksuele relatie met Lydia was goed, maar ook beperkt, in de zin dat hun relatie in een bepaald spoor terecht was gekomen en daar niet meer uit los leek te kunnen komen. Natuurlijk, hij zou Lydia bepaalde voorstellen hebben kunnen doen, wil je dat, wil je zus of zo, en het is niet ondenkbaar dat ze daarmee zou hebben ingestemd, maar dat heeft hij nooit gedaan. Waarom niet? Omdat seksueel avonturisme riskant is. Het zou mogelijk nieuwe, onbekende aspecten van hun relatie hebben onthuld, die daardoor onherroepelijk van karakter zou veranderen. Mogelijk zou hij zelfs schade aanrichten en zou de relatie onhoudbaar blijken. Met Maaike was dat risico er niet. Zij was veilig terrein: een parallel segment van de werkelijkheid waarin hij kon doen wat hij wilde. Bandeloze Seks: de oude droom van overgave aan elke erotische fantasie die door uit de hemel weet wat voor diepten naar de oppervlakte wordt gestuurd. Dat het juist Maaike was die dat verlangen bij hem opriep, had te maken met hun leeftijdverschil. Zij was achttien jaar ouder. Dat ongebruikelijke verschil bracht hun relatie als vanzelf op ongebruikelijk terrein. Haar lichaam wond hem op, juist omdat het ouder was, omdat het hem zo vreemd was. Hij zag haar jaren, hij zag de sporen van een geboorte, van twee huwelijken en mogelijk een reeks minnaars; hij zag de striae en het weke vlees van de buik, de atrofie en, enfin, de sporen van een vrouwenleven. Het was een lichaam dat nergens meer van zou opkijken.

Henk, in haast, zwetend, herinnert zich opeens een merkwaardig detail: Maaike droeg geen ondergoed (*droeg* inderdaad: in het verpleeghuis draagt ze een luier en dat zullen we gemakshalve maar als ondergoed rekenen). Henk vond dat een buitengewoon aantrekkelijke gewoonte. Hoewel er natuurlijk maar een miniem verschil is tussen wel en geen ondergoed, was dat verschil voldoende om de koorts waar hij aan leed flink aan te jagen. Als hij bij Maaike was, wist hij, was hij nabij haar naaktheid en alles wat haar naaktheid hem te bieden had. Hij hoefde slechts haar uniform open te knopen en daar was ze, helemaal, naakt, voor hem. Hij knielde graag bij haar neer om zijn gezicht tegen haar schaamheuvel te duwen, in die volle, donkere driehoek van verrassend fijn haar onderaan haar buik, die hem altijd een tikje komisch voorkwam, als een misplaatst baardje. Maar lachen deed hij niet. Ergens in dat landschap vond hij haar vagina, die hij volledig ernstig nam, die een paar maanden het middelpunt van zijn wereld was, het zwaartepunt van zijn dagen, de plek waar hij als vanzelf naartoe viel, en eenmaal in zicht binnen niet meer dan een handvol minuten de bestemming van zijn zaad.

Was de seks met Maaike inderdaad bandeloos? Nee, natuurlijk niet, de werkelijkheid laat geen bandeloosheid toe, in elk geval niet in de mate dat fantasieën dat doen. Ook de seks met Maaike kreeg een spoor en dat volgden ze totdat hun relatie zichzelf uitputte. Dat ging als volgt. Na een avonddienst hadden ze seks in een leegstaande onderzoekkamer, zoals gebruikelijk gehaast, zonder veel omhaal – hij penetreerde haar, ze bewogen een minuut of wat ritmisch en kregen min of meer gelijktijdig een orgasme, klaar. In het tl-licht dat vanuit de gang via een deurraam van matglas de onverlichte ruimte binnensijpelde maakten ze hun kleding in orde. Maaike knoopte haar schort dicht en veegde met een tissue een klodder sperma van de linoleum vloer. Al op weg naar de deur vingen ze elkaars blik, toevallig en aanvankelijk vluchtig, maar vervolgens met aandacht. Er was iets. Ja, er was iets, en ze wisten al meteen wat het was. Ze bleven staan. Maaike nam zijn gezicht tussen haar handen. Henk, zei ze, geile Henkie, is het genoeg geweest? Henk pakte haar handen en hield ze tegen zijn lippen en knikte.

En dat was dat. De affaire eindigde omdat ze er opeens de banaliteit van zagen. Ze herkenden in elkaars ogen een diepe gêne: wat zich zojuist had afgespeeld, in die onderzoekkamer, in dat licht, met die haastig naar beneden gestroopte en opengerukte kleren, die klodder sperma, was *armzalig*. Zonder de betoverende illusie van Bandeloze Seks was hun affaire alleen maar pijnlijk. En toen ze dat eenmaal zo zagen, konden ze niets anders meer zien en was er van het ene op het andere moment geen ruimte meer voor wat hen de afgelopen maanden zo in de greep had gehouden.

Niet dat daarmee de lust volledig was uitgedoofd. Het verlangen bleef zo nu en dan opspelen, soms terloops, soms nadrukkelijker, maar dat leidde nooit tot een reprise. Met de jaren kreeg die erotische heidebrand het karakter van genegenheid, gedragen door dat gedeelde verleden – een alleen door hen gedeeld verleden, waar verder niemand weet van had. Soms legde Maaike een hand op zijn onderarm. Andere keren kneep Henk even in haar schouder. Daar bleef het bij. Zelfs toen Henk een paar jaar geleden vertelde dat hij ging scheiden van Lydia – opeens huilend en snotterend, hulpeloos, terwijl hij zich verdorie tot dan toe zo goed had weten te houden – en Maaike vroeg of hij met haar naar bed wilde, als troost, schudde hij het verdrietige hoofd.

Maar nu is ze de hulpeloze prooi van elke impuls. Soms ziet Henk haar avances aankomen en weet hij ze te voorkomen door haar af te leiden. Andere keren wordt hij overvallen. Een verpleeghuisarts heeft hem uitgelegd dat seksueel ontremd gedrag geregeld voorkomt bij alzheimer, maar Henk weet dat in dit geval nog iets anders speelt, dat het niet alleen maar gaat om een betekenisloze, uit de beteugeling van beschaafd gedrag losgebroken lust, maar om een hele geschiedenis, hun geschiedenis, en dus laat hij haar even begaan voordat hij er zo zachtzinnig mogelijk een einde aan maakt.

Hij is thuis. Hij beklimt de trap. Zijn overhemd is doorweekt en plakt tegen zijn rug en buik, maar daar heeft hij geen aandacht voor. Hij gaat zijn woning binnen waar het benauwd warm is, maar ook daar heeft hij geen aandacht voor.

'Schurk?'

***

Schurk is niet in orde. Als hij een bak water neerzet, komt de hond moeizaam overeind, drinkt wat, maar zakt dan weer terug in de mand. Het dier ademt zwaar. Henk neemt de hondenkop in zijn handen en kijkt hem in de ogen en ziet weer die vreemdeling. Omgekeerd ziet hij in de bruine hondenogen geen glinstering van herkenning: ook hij is een vreemdeling. Hij voelt de hete wervelwind van zijn paniek maar het is gelukkig de verpleegkundige in hem die het initiatief neemt. Het is zeven voor twaalf. De dierenkliniek om de hoek is op zaterdagen tot twaalf uur open. Hij belt en zegt dat hij eraan komt. Ze beloven te wachten.

'Kom, we gaan naar de dokter.'

Hij neemt de hond in zijn armen. Dat is relatief eenvoudig: Schurk is niet veel groter dan een flinke kat. Hij heeft het dier niet meer gedragen sinds hij een pup was, maar de hond reageert niet op de ongebruikelijke situatie. Ze gaan de trap af en de straat op, naar rechts, kiezen de schaduwkant, en komen na een paar minuten bij de kliniek waar ze

54

worden opgewacht door een dierenarts, een oudere man die Henk zich herinnert van eerdere bezoeken. Het is niet duidelijk of de man hem herkent. Hij heeft uitsluitend oog voor de hond. Schurk, op de onderzoektafel, ondergaat zijn lot. De arts onderzoekt hem in stilte. Dan stelt hij een reeks vragen. Henk geeft antwoord. Vervolgens legt de arts uit dat de hond vermoedelijk hartfalen heeft. Hartfalen betekent dat het hart niet meer in staat is om het bloed – Henk onderbreekt hem. Hij weet wat hartfalen is. De arts knikt en zo blijven ze staan, bij Schurk, die nog altijd moeizaam ademt, die geen belangstelling heeft voor zijn omgeving, die niet de ogen van zijn baasje zoekt, die daar alleen maar ligt met dat falende hart van hem. Henk denkt aan Saskia. Het hart pompt en het bloed stroomt, ja, nog wel, nog altijd, maar de arts heeft hem zojuist verteld dat daar binnen afzienbare tijd een einde aan komt. Hij trekt zijn schouders naar achteren.

'Wat stelt u voor?'

'Medicijnen die het vocht helpen afdrijven. Plaspillen. Dat zal de benauwdheid verminderen. Verder vochtbeperking. Laat hem niet te veel drinken. Als hij erg dorstig is kunt u zijn bek en tong deppen met een natte spons. Geef hem rust, zeker als het zo warm is. Laat hem uit om te poepen en plassen, maar maak geen lange wandelingen.'

De arts staat kaarsrecht. Hij doet Henk denken aan een ouderwetse filosoof, Romeins, marmerachtig, onbewogen en afstandelijk. Hij spreekt met een zachte, bezwerende stem, kalm en helder, maar lijkt er met zijn gedachten niet helemaal bij. Henk veronderstelt dat de man al op weg is naar huis, naar een vrije zaterdag, een koele tuin, een postzegelverzameling, een kleinkind, maar opeens knielt de man bij de tafel, verrassend soepel, zodat zijn gezicht op gelijke hoogte komt met dat van de hond. Hij aait Schurk over de kop.

'Zo, mannetje, ben je benauwd? Daar gaan we wat aan doen hoor... Ja... Och, wat een mooie kop heb je, ja, wat een mooi koppie, wat een lekkere kop zeg, moet je eens zien wat een mooie ogen...'

Henk is sprakeloos maar Schurk bezemt met de staart over het donkerblauwe kunstleer waarmee de onderzoektafel is bedekt. Henk kijkt toe hoe de man het dier knuffelt en toespreekt en vervolgens hoe Schurk zich de medicijnen zonder protest laat toedienen. Terwijl de arts bezig is met de hond legt hij uit dat Schurk naast de plaspillen mogelijk baat heeft bij medicijnen die het hart ondersteunen, maar dat die medicijnen vaak bijwerkingen hebben, en dat derhalve een afweging nodig is tussen voor- en nadelen. Hij stelt voor de medicijnen te proberen, te bezien wat het effect is, en vervolgens naar bevinden te handelen. Is dat akkoord? Henk knikt. Even later geeft de arts hem een plastic tasje met medicijnen en een folder. Daarmee is het consult afgelopen maar de twee mannen blijven staan met de hond tussen hen in. Ze zijn kennelijk nog niet klaar.

'Hij is dertien, zei u?'

'Bijna veertien. We kregen hem als pup van een week of acht. Hij kwam uit een nest van zeven en we mochten kiezen. Ik was meteen verkocht. Hij was zo... Zo...'

'Mooi? Lief?'

'Aandoenlijk. Vol leven. Toen ik bij hem knielde en over zijn kop aaide, kwam onmiddellijk die staart in beweging, hoe klein hij ook was, precies zoals dat net gebeurde, toen u... Daarom dacht ik... Dat is een goed teken...'

'Hij zal nog een tijdje leven. Zijn hart kan zich niet her-

56

stellen, maar hij heeft nog wel een tijdje. Maanden. Wie weet meer.'

'Ja. Goed. Dank u. Dank u wel.'

De arts aait de hond nog altijd over de kop. Hij heeft lange, beschaafde vingers.

'Mijn zoon had een hond,' zegt hij dan. 'Een Belgische herder. Max. Ze waren onafscheidelijk. Max sliep bij Jochem op de kamer. Hij wist precies wanneer Jochem thuis zou komen van school, ook als dat op een ongebruikelijk tijdstip was, alsof hij hem al op grote afstand rook. We merkten aan Max dat er iets...' De man wuift met een hand voor zijn gezicht, als om een vlieg te verjagen. 'Later zou mijn vrouw...'

Henk luistert met een half oor. Schurk heeft nog tijd, denkt hij. Maanden, wie weet meer. Tijd. In die eerste maanden met de jonge hond viel hem op hoe het dier zijn best deed om hem te leren kennen. Schurk volgde hem waar hij ging. Vaak stond hij te kijken als Henk in de keuken bezig was, of aan tafel zat en de krant las, of televisie keek, met de kop schuin en een wenkbrauw opgetrokken. Wat doet het baasje? Hoe moet ik zijn gedrag begrijpen? Is er iets wat van mij wordt verwacht? Soms kon Henk de inspanningen van de hersenen bijna voor zich zien, de machinerie, de spoelen en wikkels, de raderen en assen, tikkend en zoemend, in een hondhaftige poging om de baas te leren kennen. Omgekeerd deed hij zijn best om het jonge dier te leren kennen. Hij leerde de hondenblik lezen, de stand van de oren, de bewegingen van de staart, de lijn van de rug, de mate van drift in de gang, de eetlust, het patroon en de routines van plassen en poepen. Zo leerden ze elkaar kennen. Ze keken elkaar in de ogen en leerden lezen wat er te lezen viel. Henk verloor zich vaak in die ogen. Honger, las hij. Ik moet poe-

pen. Ik heb het warm. Wandelen. Varkensoor. Hij ontdekte dat de hond een emotioneel wezen was. Hij zag verdriet,
blijdschap, schaamte en ergernis. Een emotioneel wezen
is een muzikaal wezen. Hij zette een cd op van Mozart en
keek de hond in de ogen. Niets. Ja toch: varkensoor. Händel:
niets. The Beatles: niets. Frankie Goes to Hollywood dan:
niets. Maar bij *Für Elise* was het opeens raak. Al bij de eerste klanken zakte de kop scheef en ging een wenkbrauw omhoog en bleef het dier doodstil zitten. Wat hoorde het dier?
Henk had geen idee maar voelde een steek van jaloezie: deze
muziek kunnen horen alsof je haar voor het eerst hoorde...
De hond bleef roerloos zitten totdat de laatste klanken waren weggestorven, zuchtte en ging liggen, maar leek nog altijd aangedaan – in de war gebracht, misschien, omdat in de
diepte van de hondenhersenen vezels tot leven waren gekomen die doorgaans alleen bij mensen opgloeien.

Toen Schurk eerder die ochtend opeens weer een vreemdeling voor hem bleek, en hij voor de hond, leek dat hun relatie uit te wissen, hun verleden, al die jaren die ze samen
waren geweest. Het was alsof hij een favoriet boek oppak-
te en opeens een andere tekst las. Dat hij die vervreemding
onmiddellijk verbond met ziek-zijn had te maken met zijn
werk: hij herkende het verschijnsel uit het ziekenhuis. Hij
heeft duizenden keren gezien hoe iemand een bed naderde,
zelf gezond, zeker van leven, terwijl in dat bed een naaste
lag die niet gezond was, maar ernstig gewond of ziek en al-
lerminst zeker van leven: de behoedzame toenadering; de
angst in de ogen; de schrik bij het zien van de vreemdeling
in dat bed. Is dit *echt* mijn vrouw? Is dat *werkelijk* mijn vader? En de ergste van allemaal: ligt daar *mijn* kind? Ze na-
derden het bed langzaam, deze gezonde mensen, vaak een
hand vooruitgestoken, als tastend door het donker, en raak-

ten dan de vreemdeling aan, behoedzaam, de onderarm, de schouder, de borst, het voorhoofd.

Mijn zoon had een hond. Pas als Henk alweer thuis is en Schurk in zijn mand in slaap is gevallen, dringt het verhaal van de dierenarts alsnog tot hem door. De zoon is dood. Nadat de man was uitgesproken, had Henk alleen maar geknikt en nog eens bedankt, opgelucht, ondanks de diagnose. Er was nog tijd. Vervolgens had hij Schurk opgepakt. Toen hij zich in de deuropening omdraaide en naar de arts knikte, bij wijze van groet, stond de man nog altijd bij de tafel, kaarsrecht, oud. Pas nu begrijpt hij wat hij zag, wat hij werkelijk zag, een vader die zijn zoon heeft verloren, en met dat besef kijkt hij naar Schurk en denkt hij aan Maaike, aan Lydia, aan Saskia, aan de onderbuurman, aan die rommelige vrouw van vanochtend, aan Rosa, aan Freek, aan de boekhandelaar, aan de man in het felrode overhemd die hij een paar dagen geleden zag bij de slager, aan een vriendje van de lagere school, aan de Portugese boer die hij ooit in de hitte van de middag een plattelandscafé zag binnenkomen om aan de toog een groot glas ijskoude rode wijn achterover te slaan, aan juffrouw Wagemakers die hij had in de eerste klas en die in een beige N S U reed.

Enfin, de eindeloze stoet komt voorbij en Henk kijkt ernaar in het volle besef van ieders sterfelijkheid, inclusief die van Henk van Doorn. Sterfelijkheid: leven dat eindigt. Nee: leven dat eindigt terwijl we dat niet willen. Nee: leven dat eindigt terwijl Henk dat niet wil.

***

Henk houdt van filosofie. Nietzsche is een favoriet. Hij is met name gehecht aan diens *Over nut en nadeel van geschie-*

denis voor het leven. Dat boek gaat over het ideale gewicht aan herinneringen. Op welk punt, vraagt Nietzsche zich af, worden herinneringen ballast? Lastige vraag, zo blijkt, maar dat maakt Henk niet uit. Hij heeft het boek drie keer gelezen, zonder het werkelijk te begrijpen, maar steeds met een opwinding die voortvloeit uit de sensatie in gezelschap te zijn van een lucide geest. Zinnen uit het boek duiken geregeld in hem op, zoals in het verpleeghuis, inmiddels een paar uur geleden, toen hij constateerde dat Maaike *kort aange-lijnd aan de pin van het ogenblik* haar leven leidde. Nietzsche schreef dit niet over demente mensen, maar over dieren. Dieren leven tussen de hagen van de tijd, zonder zicht op verleden of toekomst, en zijn dus onwetend over wat voor-afging of zal volgen. Hetzelfde geldt voor heel jonge kinde-ren. Het is een heerlijke staat van zijn, maar lang duurt ze niet want *al te vroeg,* schrijft Nietzsche, *wordt het kind uit zijn vergetelheid wakker geschud als het de woorden 'er was' leert begrijpen.* Er was. Er was eens een arme kleermaker, een lief klein meisje, een timmerman, wel, vul maar in. Bedoelt Nietzsche, vraagt Henk zich af, dat ons leven in de stroom van de tijd wordt gegooid op het moment dat onze ouders verhalen beginnen te vertellen? Ja. Verhalen bestaan bij de gratie van tijd. Er gebeurt iets, en dan nog iets, enzovoort, in een volgorde die tijd impliceert. *Er was eens* en plons daar liggen we in de brede stroom.

Henk is zich meer dan anderen bewust van de mate waarin we in verhalen zijn ondergedompeld. Ga maar na, heeft hij weleens gezegd tegen Rosa, we vertellen verhalen in kranten en tijdschriften, op de televisie, via sociale me-dia, als we praten met vrienden en vriendinnen, bij de bak-ker en in de taxi, in rechtbanken en gemeenteraden, in het parlement, in collegezalen en klaslokalen, op kantoor en als we iets willen verkopen. Onze kennis bestaat uit verhalen. Onze herinneringen zijn verhalen. Onze plannen zijn verhalen. En wie we zijn, Rosa, is ook een verhaal. We leven in een verhaal van eigen makelij. Neem mij. Ik ben Henk. Ik ben 56 jaar oud, in december wordt dat 57, een dag voor kerst. Ik ben geboren in Amstelveen, geen dorp en geen stad maar een gemeente, aangelegd op maat van het gezin. Niets was er bijzonder maar wat niet bijzonder was werd bijzonder omdat ik er opgroeide. We stoepten. We voetbalden op het schoolplein. We stookten een vuurtje in de verlaten fietsenstalling achter de gymnastieklokalen. Ik herinner mij de geur van de verkoolde resten. Mijn moeder was huisvrouw, mijn vader leraar scheikunde. Hij rook soms eigenaardig. Ik ben de middelste van drie jongens. Mijn oudste broer is dood en het kost me nog altijd moeite om daarover te praten. Mijn jongste broer is, wel, die ken je natuurlijk. Hij heeft twee kinderen, jij en je broertje, Tim. Ik ben IC-verpleegkundige. Ik houd van mijn werk en ben er goed in maar soms ben ik bang dat al het verdriet dat ik zie zich op mijn huid afzet en dat ik daarom versneld ve10uder. Dat is inderdaad een onzinnige gedachte. Ik ben 1.86 en weeg 91 kilo. Mijn BMI is dus 26,3, te hoog, maar nog verre van obees, en volgens het Voedingscentrum boek ik met enkele kilo's afvallen al gezondheidswinst. Ik ben blijmoedig alleenstaand. Dat is, besef ik, een geforceerde formule, maar je moet toch wat.

Het punt is, Rosa, besloot hij, dat verhalen de basale vorm zijn van ons begrip en inzicht. De architectuur ervan. Zonder verhalen zou de wereld uiteenvallen in betekenisloze onderdelen. Het is ons vermogen om verhalen te vertellen dat de wereld bijeenhoudt. Met dank aan onze verbeeldingskracht spinnen we iets uit niets. *Er was eens.*

Nietzsche, intussen, hield zich met deze zaken helemaal niet bezig, maar vroeg zich af wat het ideale gewicht van herinneringen is en dacht dat dieren geen geheugen hebben. Daar is Henk het pertinent mee oneens en dat komt door Schurk. Schurk heeft zonder enige twijfel een geheugen. Hij draagt kennis over het verleden met zich mee (waar zijn mand staat, zijn etensbak, zijn speelgoed, wat zijn naam is, wie Henk is, hoe de stem van Henk klinkt) en is in staat zich de toekomst voor te stellen (de ochtendwandeling, zijn avondeten, de geur van Henk als Henk 's ochtends de trap afdaalt). En waar Nietzsche veronderstelde dat dieren domweg gelukkig zijn omdat ze alleen het ogenblik kennen, ziet Henk een rijk emotioneel leven. Schurk kan gelukkig zijn, vrolijk, opgewonden, boos, bang, verdrietig en weemoedig. Hij houdt van muziek. Hij houdt van *Für Elise*. Hij houdt ook van Mahler (*Kindertotenlieder*) en gek genoeg de George Baker Selection (*Una paloma blanca*).

En dus is dit wat er gebeurt op deze zaterdagmiddag in het leven van Henk en Schurk, zo rond een uur of één. Henk loopt naar de kast met cd's, pakt *Für Elise*, zet hem op en kijkt naar Schurk. Schurk, in zijn mand, spitst eerst de oren en doet dan de ogen open. De kop zakt niet scheef omdat de kop stabiel op de rand van de mand ligt maar de linkerwenkbrauw gaat wel degelijk omhoog, zodat het hondengezicht opeens leesbaar wordt.

Er is nog tijd, leest Henk. Er is nog zalige, verrukkelijke, weergaloze tijd van leven.

***

Het is dus een uur of één. Henk zit aan de eettafel die de keuken van de woonkamer scheidt en drinkt koffie die sterk is en een tikje stroperig van de suiker die hij niet zou moeten gebruiken. De dag, hoewel nog maar een dagdeel gevorderd, lijkt al volgelopen. Ze heeft een zwaarte die past bij de benauwende warmte in het huis. Hij zou enkele ramen tegen elkaar open kunnen zetten, in de hoop op wat verfrissing, maar de zwaarte heeft ook hem in de greep, dus hij komt niet eens op het idee. De koffie helpt intussen geen zier. De vermoeidheid slaat des te harder toe. Beethoven wordt opdringerig. Dat is een gevolg van zijn vermoeidheid: de complexe klanken kunnen niet meer worden verwerkt door de hersenen en vallen uiteen tot herrie. Henk wil daarom stilte en die behoefte is zo dringend dat hij ondanks zijn vermoeidheid opstaat en de muziek afzet. De stilte die volgt wordt onmiddellijk weer ingenomen door een auto die voorbijrijdt in de beklinkerde straat met een geluid dat hem doet denken aan zeewater dat terugstroomt over schelpen en daarmee aan een vakantie in Cornwall en daarmee aan een strand dat alleen bereikbaar was bij eb en vol bleek te liggen met plastic rotzooi, verpakkingen, emmertjes, handschoenen, flessen, stukken touw, vaak verknoopt met zeewier en veelal in felle kleuren, en van een zo wonderbaarlijke schoonheid dat hij er tientallen foto's van maakte die hij altijd nog eens wil printen en inlijsten om ze in serie op te hangen, bijvoorbeeld langs de trap, maar daar komt hij maar steeds niet aan toe want hij is vreselijk laks met die dingen. Als de auto gepasseerd is, hoort hij het gemurmel van de televisie van de onderburen. Hij zucht. Hij laat zijn vingers langs de cd's gaan, op zoek naar muziek die hem niet kan deren en als plaatsvervangende stilte kan dienen. Hij komt uit bij de George Baker Selection.

When the sun shines on the mountain
And the night is on the run
It's a new day, it's a new way
And I fly up to the sun

Schurk reageert niet. Hoewel Henk een lichte teleurstelling voelt, overheerst de opluchting: de hond slaapt diep en rustig, zoals het dier dat een heel leven lang op gezette tijden heeft gedaan. Er is geen catastrofe gaande.

Hij gaat weer zitten en drinkt het restant van zijn koffie. De cd is ooit gekocht door Lydia en na de scheiding door Henk meegenomen vanwege Schurk. Lydia is een van de intelligentste vrouwen die hij kent – ze is hoogleraar computationele complexiteitstheorie, zat al op haar 23ste in de gemeenteraad van Roermond (voor de vvd), en spreekt vloeiend Engels, Frans en Spaans – maar heeft een verbluffend gebrek aan goede smaak. Ze houdt van de George Baker Selection. Ze houdt ook van Boney M. en Abba en Alphaville. Ze houdt van series als *Friends* en *The Bold and the Beautiful*. Ze houdt van magnetronmaaltijden en alcoholvrij bier. Ze houdt van angorawol en lovertjes. Ze houdt van pikante lingerie en is inmiddels hertrouwd met een Amerikaan die daar wellicht ook van houdt – maar het is voor Henk een vervelend beeld dat nu wordt opgeroepen. Hoe dan ook, aanvankelijk vond hij dit gebrek aan goede smaak een charmant aspect van haar persoonlijkheid. Hij was verliefd. Verliefdheid is een waan en daar ontkwam ook Henk niet aan. Lydia's smaak getuigde van een verfrissende eerlijkheid, zo hield hij zichzelf voor, van sociale moed, van lak aan conventies. Ze was een onafhankelijke, vrije ziel. En daarmee bewees ze hem ook een dienst: ze verstoorde zijn beschaafde orde en dwong hem om zijn eigen waarden te herijken, te herzien, om opnieuw na te denken, en daar kan geen zinnig mens bezwaar tegen maken. Maar met het wegebben van de verliefdheid klaarde de waan op. Hij begon zich te ergeren, zoals dat gaat, en om zijn irritatie te neutraliseren deed hij een poging om haar te begrijpen, ook zoals dat gaat. Hij stelde haar vragen. Waarom houd je van zulke muziek? Wat is de aantrekkingskracht van bijvoorbeeld *Una paloma blanca*? Lydia kon hem niet helpen. Ze schudde zijn vragen van zich af. Waar maakte hij zich in hemelsnaam druk om? Ze vond het gewoon een leuk liedje: nou en? *Nou en?* Wel, begon Henk, dat lijkt me nogal duidelijk, ik bedoel, luister dan, dat suffe ritme, die piccolo, en die tekst, Jezus, dan begrijp je toch meteen dat, enzovoort. Maar nee, dat begreep ze helemaal niet. En hij kon het haar niet uitleggen. En dat was natuurlijk precies het punt: hij kon het haar niet uitleggen. Ze had het moeten begrijpen zonder uitleg, punt uit, maar ze begreep het niet en dus kon hij het haar niet uitleggen en daarmee ging de afgrond open en in die afgrond verdween uiteindelijk een heel huwelijk, want zo gaan die dingen, precies zo, met onbenulligheden die al vanaf de allereerste dag rondzoemen, die je vergoelijkt en rationaliseert en tot inzet maakt van goedaardige ruzies om ze lucht te geven, maar die zich uiteindelijk niet laten temmen, wat je ook doet, en die zo'n heel huwelijk stukje bij beetje genadeloos vernietigen.

Una paloma blanca
I'm just a bird in the sky
Una paloma blanca
Over the mountains I fly
No one can take my freedom away

Het is werkelijk kutmuziek. Hij zou moeten opstaan, de cd uit de speler halen en breken, verpulveren en verbranden, en vervolgens requiemneuriënd de as uitstrooien over de dodenakker van zijn huwelijk. Maar dat doet hij niet. Hij denkt aan Schurk: mogelijk is de muziek heilzaam voor het slapende dier. Hij is bovendien veel te moe om nog eens op te staan. Hij is zo moe dat hij geen weerstand kan bieden aan een nieuwe, andermaal grimmige gedachte die met de olieachtige golven van zijn gemoed aanspoelt op het verlaten strand van zijn Henk-leven. Die gedachte luidt: en wat een ongelooflijk kutwijf. Eigenlijk. Lydia. Dat ze werkelijk van zulke muziek houdt, zonder schaamte, zonder ironie, zelfs zonder de geringste reflectie. Wat zegt dat over iemands karakter? Niet veel goeds. Het is een merkwaardig besef – zijn gedachten jagen nu voort als een bende hyena's – dat hij ooit van haar hield. Hij kan het zich überhaupt niet meer voorstellen. Kennelijk was hij een volstrekt andere man. Dat moet wel. Wat voor man was hij? Hij was 27. Hij was slank. Hij bewoog zich energiek en gemakkelijk. Hij maakte een indruk van daadkracht, zeker als hij aan het werk was, maar in werkelijkheid was hij stuurloos. Hij miste een centrum, een zwaartepunt, en dreef alle kanten op. Hij wist niet wie hij was. Hij was een leegte, niet meer dan een container waar alles in paste, een toneelvloer waarop iedereen zijn gang kon gaan, een kansel waarop iedereen het woord kon nemen. Hij was een slapjanus, ja, daar kwam het op neer, een jutezak, een kwalachtig wezen, maar wacht eens even, nu is hij bezig zichzelf neer te halen en dat is niet de bedoeling. We hadden het over Lydia en Lydia was een kutwijf met die kutmuziek van d'r en die kutseries, nee stop. *Stop.* Het is niet waar dat Lydia een kutwijf was. Dat was ze in de verste verte niet. Wat was ze wel? Ze was 28, net gepromoveerd, en ze had plannen. Ze hield van de man die hij was (27, slank, energiek) want met die man wilde ze niet alleen naar bed, maar zelfs trouwen. En hij hield van de vrouw die zij was want met die vrouw wilde hij niet alleen naar bed, maar ook trouwen. En dus trouwden ze. Ze waren gelukkig. Hij herinnert zich dat heel goed. En ze bleven van elkaar houden toen ze de dertig bereikten en bleek dat ze geen kinderen zouden krijgen (pas op, dit is een gevoelig punt, we laten het hier rusten), al waren ze misschien niet meer zo gelukkig. Zo gaat dat met de jaren, de scherpte gaat ervanaf, de onmiddellijkheid van de dingen, en geluk erodeert tot tevredenheid. Soit. Maar halverwege de veertig hielden ze opeens niet meer van elkaar. Zo herinnert hij zich dat: dat ze van de ene op de andere dag niet meer van elkaar hielden. Er lag opeens een soort leegte tussen hen. Kaalslag. Waarom? Waarom hielden ze op met van elkaar te houden? Hij heeft geen idee. Hij heeft het zich nooit afgevraagd en zij zich kennelijk ook niet. Toen ze eenmaal begrepen dat ze niet meer van elkaar hielden, was er geen reden meer om zich af te vragen wat er mis was gegaan, laat staan om het erover te hebben. En vervolgens hebben ze nog een hele tijd naast elkaar geleefd, uit gewoonte, bij gebrek aan betere ideeën misschien, bij gebrek aan geloof dat er ooit nog iemand in hen geïnteresseerd zou kunnen zijn, maar in elk geval niet meer omdat ze het graag wilden. Uiteindelijk gingen ze uit elkaar omdat de stilte, nee, niet de stilte, ze maakten herrie genoeg, maar het gebrek aan betekenis onverdraaglijk werd. Ja, denkt hij, kalmer nu, verdrietiger, in zekere zin wijzer, zo is het gegaan, zo sneuvelt een huwelijk: verliefdheid wordt liefde, wordt genegenheid, wordt een soort vriendschap, wordt vanzelfsprekendheid, wordt luiheid, wordt irritatie, wordt afkeer, wordt wrok-kigheid, wordt onverschilligheid, wordt gebrek aan beteke-nis, wordt echtscheiding.

Nou ja, zo ongeveer is het gegaan, met de nadruk op on-geveer, want er valt echt wel wat meer over te vertellen, maar hoe dan ook is nu het moment gekomen dat hij zijn telefoon pakt en Lydia's nummer kiest. Ze antwoordt vrijwel onmid-dellijk, alsof ze niet in New York woont maar in een naburig dorp.

'Henk,' hoort hij. 'Wat leuk.'

'Lydia. Hoi. Met mij. Ja. Hoe is het?'

'Goed hoor. Zijn gangetje. Ik ben net op en zit te ontbij-ten. Buiten. Op het dakterras. Jij?'

'Ik niet. Ik zit binnen. Hé, moet je luisteren, ik vind dat je het toch moet weten, want hij was ook van jou, dus ik dacht ik bel gewoon...'

'Ratel niet zo. Wie was ook van mij?'

'Schurk. Ik bel over Schurk. Hij is ziek.'

Ja, dat is het, hij belt haar over Schurk. Dat moet wel, want een andere reden om te bellen is er niet. Sinds de scheiding hebben ze elkaar niets meer te vertellen omdat hun levens elkaar niet meer raken, omdat er tussen hun levens niets dan een kale vlakte ligt, maar Schurk rent nog rond op die vlak-te, dus via Schurk kunnen ze elkaar nog bereiken – elkaars stem verdragen, en de beelden die door die stem worden op-geroepen, en de herinneringen die aan die beelden vastzit-ten, kortom, dat echt razend ingewikkelde feit dat ze ooit van elkaar hielden en nu niet meer – en zolang Schurk leeft (zolang hij leeft!) blijft dat mogelijk.

Ze hebben de hond indertijd samen uitgezocht. Lydia was overspannen en wilde het tempo van haar leven terug-draaien. Henk stelde een hond voor. Dieren, legde hij uit, leven kort aangelijnd aan de pin van het ogenblik. Ze houden je bij het hier en nu en dat is precies wat je nodig hebt. Lydia wilde een poedel maar Henk liet haar een kooikerhondje zien en toen moest het een kooikerhondje worden. Ze kochten de pup bij de voorzitster van de Kooikerhondjesvereniging Nederland (lief mens, hysterisch natuurlijk, en met geweldig grote voeten) en hielden op slag van het dier. De pup veroorzaakte chaos in het nette, welvarende, kinderloze huis, maar dat gaf niet. Ze werden verliefd op het aandoenlijke hondengezicht, ze lachten om het wiebelende kontje, ze bewonderden de schitterende tandjes, ze kroelden door de wonderlijk zachte vacht. En het was niet het tempo dat Lydia genas, niet het onverbiddelijke hier en nu waar de hond haar op wees, maar de levenslust van het dier. Dat was de sleutel. Ze werd erdoor opgetild en genas en ging weer aan het werk en kwam thuis en werd begroet door een uitzinnige jonge hond die op haar afstoof en zich op zijn rug rolde en naar haar neerhangende haar klauwde en vervolgens weer wegstoof en terugkeerde met een afgekloven ossenoor, rauwe aardappel of stuk speelgoed, zodat er niets anders op zat dan te grijnzen en met een raar, hoog stemmetje allerlei idiote dingen te zeggen, zoals *goed zo schatje* en *braaf zo liefje* en *jij klein schurkje van me*.

'Nee! Wat heeft hij?'

Hij hoort over een afstand van zesduizend kilometer dat ze haar kopje neerzet. Het is een zacht getinkel, meer niet, maar het is voldoende om haar voor zich te zien: ze zet haar kopje neer op het marmeren blad van een bistrotafeltje en met die beweging gaat ze rechtop zitten, opeens alert, zich schrap zettend voor wat komen gaat, voor de woorden die neerkomen op een catastrofe. Achter haar ziet hij niet het decor van daken en woontorens dat hij zou moeten zien

69

maar een straatbeeld dat hij kent uit de talloze boeken en televisieseries en films, uit *Taxi Driver* bijvoorbeeld, ja, die straat waar Travis dat hoertje oppikt: de ooit chique maar inmiddels vervallen huizen, het sierlijke smeedwerk van de balkonhekjes en het veel strengere ijzer van de brandtrappen die kennelijk later zijn aangebracht, de vuilnisbakken van geribbeld en gebutst aluminium en de opgestapelde kartonnen dozen met afval, het kapotte asfalt, overal mannen en vrouwen en kinderen, op de stoep, op de stenen trappen die naar de deuren leiden, hangend uit de ramen, want het is warm in die scène, broeierig warm, je voelde de hitte, je rook het, asfalt, uitlaatgassen, de weezoete geur van vuilnis, en Travis die met dat hoertje meegaat, dat meisje, Iris, Iris die zwikt op haar oranje schoenen die veel te hoge hakken hebben, mijn God, ze hebben die film samen gezien, thuis, op video, na seks. Hij en Lydia.

'Hartfalen.'

Toen ze eenmaal begrepen dat er geen liefde meer was, zijn ze goedmoedig gescheiden. Dat kon ook. Er waren geen kinderen in het spel en geld was geen probleem. Schurk was een lastig punt omdat ze hem allebei graag wilden hebben, elk met een oprecht motief, namelijk liefde voor de hond, zoals bleek toen ze gedeelde voogdij verwierpen omdat ze begrepen dat dit voor Schurk niet goed zou zijn. Dus bij wie moest Schurk gaan wonen? Het probleem loste zich op voordat het tanden kreeg. Lydia aanvaardde een positie aan Cornell University in New York en twee maanden na de scheiding emigreerde ze naar de VS. Vervolgens ontmoette ze haar huidige vriend, Timothy, die ook informaticus is, een collega dus. Al binnen een half jaar na de scheiding trok Lydia bij hem in, in zijn huis in Brooklyn, waar ze nu op het dakterras aan het ontbijt zit. Het is, denkt Henk weleens, alsof de laatste jaren van het huwelijk zo'n spanning bij zijn vrouw hebben opgeroepen dat haar leven strak is komen te staan als het elastiek van een katapult en dat ze er als een steen door werd weggeschoten toen de spanning met het tekenen van de scheidingspapieren eenmaal vrijkwam. In de nogal duistere maanden na de echtscheiding zag Henk het tafereel van een katapult soms voor zich: hoe Lydia hoog door de lucht suisde, met wapperende haartjes en spartelende beentjes en met een koffertje dat ze angstvallig tegen haar borst hield, over de Atlantische Oceaan, helemaal naar Cornell, waar ze *hupsakee* landde in de armen van die Timothy, stomverbaasd natuurlijk, allebei. Het was een maf maar bevrijdend tafereel: steeds als het hem voor ogen kwam, schoot hij in de lach. En dat niet alleen, nee, hij lachte totdat de tranen hem over de wangen stroomden. Hij kon niet meer ophouden, hij schuddebuikte minutenlang, die wapperende haartjes, hij hikte en huilde, die spartelende beentjes, zijn lichaam verkrampte, dat koffertje, en uiteindelijk belandde hij op de bank, tussen zitten en liggen in, de ogen nat in een vlekkerig en opgezwollen gezicht, de handen beschermend op de door lachkrampen pijnlijk geworden buikwand, volkomen uitgeput maar op een diep bevredigende manier gereinigd, herrezen uit verdriet en schaamte en haat en spijt, en klaar voor de rest van zijn leven.

'Maar daar kunnen ze toch wat aan doen!'

'Ja en nee. Hij krijgt medicijnen, maar hij kan niet genezen. We kunnen het proces verlengen, dat is alles.'

'Het proces verlengen? Wat bedoel je? Dat hij doodgaat maar niet nu?'

Het proces. Godnogaantoe. Hij ontkomt er kennelijk niet aan, al heeft hij lang geleden geleerd dat de neutraliteit van het medisch jargon (proces, verloop, ingreep, prognose) niet tot de beoogde geruststelling leidt (we hebben alles onder controle, we weten precies wat we doen), maar juist een alarmerend effect heeft (de geveinsde controle is een evidente leugen, iedereen weet dat, en het is verschrikkelijk en onbegrijpelijk dat artsen en verpleegkundigen die leugen blijven volhouden). De scherpte waarmee Lydia zijn uitleg herhaalt is een schot voor de boeg: hij moet zijn woorden vanaf nu zorgvuldiger kiezen.

'Schurks hart is beschadigd, Lydia. Ouderdom. De hartspier is verzwakt. Het bloed wordt niet meer voldoende rondgepompt. Dat geeft klachten die met medicijnen kunnen worden bestreden, maar het hart kan niet meer herstellen, dus uiteindelijk –'

'Maar dat kan toch niet, Henk, dat mag toch niet!'

Er verschijnt een barst in haar stem.

'Och, arm Schurkje van me...'

Nu huilt ze. Henk kan slecht tegen huilende vrouwen. Nee, dat is niet waar, hij gaat daar als verpleegkundige juist heel behendig mee om, kalm, geduldig, met warmte, maar hij kan niet tegen een huilende Lydia. Hij heeft Lydia zelden zien huilen. Ze is niet een vrouw die huilt en nu doet ze het toch. Hij vindt het contrast ondraaglijk: de metamorfose van de zelfverzekerde vrouw die verkruimelt tot kleintjes en hulpeloos.

'Kom op zeg, het is niet alsof hij op sterven ligt...'

Fout! Hij beseft het zodra de woorden zijn mond verlaten: ze verraden zijn ergernis. Hij suggereert aanstellerij en een gebrek aan oprechtheid. Hij kleineert haar en hij zal daar een prijs voor betalen, beseft hij, terwijl hij een pen oppakt en cirkels begint te tekenen op een nog ongeopende enveloppe met een salarisstrook. Over een paar tellen zullen zijn woorden doordringen en haar verontwaardiging wekken. Ze zal haar verontwaardiging met enkele onderkoelde, zorgvuldig geformuleerde zinnen weten op te poken tot woede. Ze zal hem verwijten maken. Ze zal zeggen dat hij niet goed voor Schurk heeft gezorgd. Dat hij te laat hulp heeft gezocht. Ze zal oud zeer tevoorschijn halen om hem te treffen waar ze kan. Ze zal hem laksheid verwijten, gebrek aan discipline, zijn overgewicht. Ze zal hem de ontrouw verwijten die hij in een vlaag van stupide oprechtheid heeft opgebiecht en hem niet de gelegenheid geven om haar aan de hare te herinneren. En uiteindelijk zal ze hem zijn onvruchtbaarheid voorhouden want dat was het dus, ja, dat kan nu wel gezegd worden, hoe pijnlijk ook. Hij heeft slecht zaad. Slechte zwemmers. En dat verwijt zal de nekslag zijn. Er zal een loodzware mantel van schuld op zijn schouders worden gelegd die hem zal verlammen, zodat zij haar gang kan gaan. En terwijl hij de ene cirkel na de andere tekent, berust hij al in wat komen gaat.

Maar zo gaat het helemaal niet. Ze vraagt: 'Hoelang denk je dat hij nog heeft?'

Hij hoort dat ze haar best moet doen om verstaanbaar te spreken. Iets in haar stem beeft. Haar woorden maken kleine uitglijders, een paar letters hier, een lettergreep daar, alsof de zin beijzeld is.

'Dat weet ik niet. Dat wist de dokter ook niet. Maanden, wie weet meer.'

'Wie weet meer?'

'Ik weet het echt niet, Lydia. Ik vertel je wat de dokter zei.'

'Maanden, wie weet meer...'

'Wie weet meer. Je kent hem. Hij zat altijd vol verrassingen.'

'Ja, dat is waar... Ach, Schurkje...'

Ze begint opnieuw te huilen, zachtjes dit keer, ingetogen,

zodat Henk niet meer dan wat gesnuif hoort. Ze is verdrietig. Ze is werkelijk verdrietig en dat stelt Henk op zichzelf op prijs. Ze houdt nog steeds van de hond die trouwens ooit Fido heette. Fido was een levenslustige pup die boeken aanvrat, stoelpoten, schoenen, jaspanden, sjaals, elektriciteitsdraden, de klep van de vaatwasser, een hoek van het dressoir, een leren tas, sokken, voorwerpen die hij uit prullenbakken opgroef, lege melkpakken bijvoorbeeld, kranten, enveloppen, plastic verpakkingen, blikjes, klokhuizen, luciferdoosjes. Boos worden bleek onmogelijk. Ze kwamen niet verder dan een vertederd *och jij kleine schurk*. Van lieverlee werd de lamme vermaning een koosnaampje. *Lief schurkje van me... Malle dwaze schurk... Schurkeplurk...* En vervolgens werd het koosnaampje zijn echte naam, de juiste en onvervreemdbare naam, zodat schurk een hoofdletter kreeg en Fido werd vergeten.

'Zoals hij zelf zijn speeltjes opruimde...'

'Zoals hij uit die roeiboot sprong...'

'In dat kroos!'

'Ja. En zoals hij op muziek reageerde...'

'Una paloma blanca...'

'Free like a bird in the sky...'

Ze lacht. Ah, denkt Henk. Haar lach was indertijd een factor van betekenis, haar 28-jarige lach, een vrije, ongeremde lach waar hij geen weerstand aan kon bieden. Ze lachte op een feestje en hij keek op en zo begon het. Waarom is hij in godsnaam opgehouden met van haar te houden? Waarom heeft hij nooit begrepen hoe kinderachtig het is om iemand op te delen in dingen die je leuk vindt en dingen die je niet leuk vindt? Dat er maar één keuze was: die tussen Lydia en geen Lydia? Wie weet, denkt hij, terwijl hij naar zijn ex-vrouw luistert, wie weet dat ik met wat meer wijsheid wel in staat was geweest om van haar gebrek aan smaak een reden te maken om van haar te houden.

Ze praten. Door de telefoon klinken sirenes, gedruis, vliegtuigen, een helikopter, een schreeuw, een mannenstem. Aan deze kant van de lijn zit Henk aan tafel, massief, moe, warm, maar met een glimlach rond de lippen. Een paar meter verderop kreunt Schurk in zijn slaap, genotzuchtig, levend dankzij een hart dat nog altijd klopt.

***

De zon is een paar graden opgeschoven en dus ook het patroon van licht en schaduw in Henks woonkamer. Het is een patroon dat Henk in de drie jaar dat hij hier woont goed heeft leren kennen en dat hem in staat stelt de tijd nauwkeurig te schatten, maar dat doet hij nu niet want hij is in slaap gevallen op de bank. Zijn lichaam is losgehaakt van zijn ik, zodat hij kan rusten, want dat is wat rusten kennelijk betekent – voor een paar uur verlost zijn van de nekklem van ons bewustzijn. Het is daarom een goed moment om Henk wat beter te bekijken. Hij is zoals gezegd nogal fors, een tamelijk lange man met licht maar zichtbaar overgewicht, en hij heeft een rond hoofd dat bedekt is met kort grijs haar. Hij heeft grote, reebruine ogen die nu natuurlijk gesloten zijn maar die beginnen te vloeien als hij geëmotioneerd raakt, wat geregeld gebeurt. Zijn wenkbrauwen zijn vol en donkerbruin – de oorspronkelijke kleur van zijn haar – en hebben een beweeglijkheid die zijn gezicht veel expressie geeft. Zijn neus is klein en recht en levert geen grote bijdrage aan de indruk die hij maakt. Zijn mond, ten slotte, is lastig te beschrijven. Zijn lippen zijn stijf en recht, vooral zijn bovenlip, zodat hij bij het praten vrijwel alleen zijn onderlip be-

75

weegt, nogal mechanisch, zoals de poppen van de *Thunder-birds* waar hij als jongen graag naar keek.

Voor wie jonger is dan Henk: de *Thunderbirds* was een van de eerste geanimeerde televisieseries en handelde over International Rescue, een organisatie die over een superieure techniek beschikte en daarmee allerlei tuig te grazen wist te nemen. De leden waren helden met rechte kaken en supermoderne outfits en daar deden de zichtbare draadjes waarmee ze werden bewogen niets aan af. Oh! de opwinding als er een reddingsoperatie startte en een van de ontzagwekkende machines van de Thunderbirds in gereedheid werd gebracht. Henk was met name dol op Thunderbird 2, een dikbuikig transportvliegtuig met verwisselbare laadruimten. Denk eens aan die kleine Henk, zeven jaar pas, broodmager, op knokige knietjes voor de zwart-wittelevisie op zaterdagavond, in een gestreepte pyjama die door de talloze wasbeurten fluweelzacht is geworden, de haren nog nat van de wekelijkse douche en een glas feloranje 3ES in zijn hand, zijn blik gekluisterd aan het scherm waar de piloot van TB2 via een ingewikkeld stelsel van glijbanen naar zijn ondergronds geparkeerde toestel werd gebracht (!) en er vervolgens een volledige rotswand wegschoof (!) zodat het ontzagwekkende toestel toegang kreeg tot het lanceerplatform, op het oog een gewone weg, maar als de palmbomen opzij klapten (!) inderdaad een platform dat omhoogkwam (!) tot een graad of dertig, veertig, en het toestel gelegenheid bood zichzelf met brullende motoren te lanceren. Zijn hart bonsde, zijn mond hing open en zijn lippen glansden, zij het niet van de 3ES die hij volledig vergeten was en die gaandeweg lauw werd.

'Coming in for target... Permission to open fire...'
'Go ahead... and good shooting!'

Nu we toch terug zijn in 1968: in de woonkamer van Plui-messenlaan 11 in Amstelveen waren behalve een zwart-wit-televisie ook een olijfgroene driezitsbank te zien, een don-kerbruine, draaiende kuipstoel, een rechthoekig salonta-fel waarvan het blad kon worden gedraaid (mahonie/wit fineer), en een over de halve breedte tussen woon- en eetka-mer gebouwd sierrek dat onder meer een verzameling ge-kleurd glas herbergde. Zo nu en dan dienen voorwerpen uit dat rek zich aan in Henks geheugen, dat glas bijvoorbeeld, maar ook een opgezet schildpadje dat een pootje miste (in plaats daarvan bungelde er een stukje ijzerdraad van onder het schild), een holle houten appel waarin postzegels wer-den bewaard, maar het meest frequent een elegant hou-ten paardje, licht, levendig en aandoenlijk door het borste-lige touw waarmee manen en een staart werden verbeeld. Henk voelt onveranderlijk een grote tederheid als hij aan het paardje denkt, onmiddellijk gevolgd door een vaag verdriet, want hij heeft werkelijk geen idee waar het beeldje is geble-ven. Zijn ouders leven niet meer, zijn oudste broer is dood en Freek is een barbaar die niet in staat is de schoonheid van het paardje te zien. Dus waar is het? Henk vreest dat het is verdwenen bij een opruiming, in een doos bijvoorbeeld, die vervolgens liefdeloos is weggegooid of achtergelaten bij een kringloopwinkel. Soms, op meer poëtische momenten, weet hij zichzelf ervan te overtuigen dat het paardje behou-den is en dat het nog ergens staat, op een vensterbank, en dat het zo nu en dan aandachtig wordt bekeken. Dat lijkt hem op die momenten van wezenlijk belang, die aandacht, een paar tellen goed kijken, zodat het leven – hier, nu, voor je neus – niet even snel weer verdwijnt als het opdook, niet meer dan een betekenisloze schim.

Henk slaapt dus. Zo, op de bank, komt zijn forse postuur

goed tot uiting. Met de ontspanning van de slaap heeft het iets walrusachtigs gekregen wat niet alleen de bank volledig inneemt, maar over de grenzen van de bank lijkt te golven en een substantieel deel van de woonkamer bezet. Het is een zegen dat Henk dit zelf nooit te zien krijgt. Het zou hem diep vernederen. Hij zou een uitgetelde oude dikzak zien. Toch vallen er voor een kalmere toeschouwer wel degelijk schoonheid en elegantie te bewonderen. Dat zit hem onder meer in een paar details, zoals zijn oren, die relatief klein zijn en een strakke vorm hebben, waarin nog niets te zien is van de slordige, oesterzwamachtige oren die oude mannen vaak hebben. Als bonus kan hij zijn oren bewegen, waarmee hij zo nu en dan de lachers op zijn hand krijgt, zoals Rosa. Een ander detail is de meisjesachtige gaafheid van zijn voorhoofd, die hij zelf gek genoeg niet waardeert. Hij vindt zijn voorhoofd *nichterig*. Dat is goed beschouwd een kinderachtig oordeel en dat vindt Henk zelf ook maar hij kan er zich niet helemaal aan onttrekken. Ten slotte is het de moeite waard zijn handen nader te bekijken. Ze zijn op zichzelf niet mooi – aan de kleine kant, begroeid met tamelijk grof haar, de vingers dik en met nagels die kalkvlekjes tonen – maar buitengewoon behendig, dus eenmaal in actie verkrijgen ze een grote schoonheid. Dat is goed te zien als Henk werkt en de tamelijk ingewikkelde, technische handelingen verricht die bij dat werk horen, zoals het aanleggen van een verband, het inbrengen van een infuus of het wisselen van een katheter. Hij verricht zulke handelingen met een souplesse en trefzekerheid die optellen tot schoonheid. Mogelijk is dat een erfenis van zijn moeder. Hij heeft een paar scherpe herinneringen aan haar handen, vroeger, in de keuken in Amstelveen, wanneer ze aan het werk was. Haar handen leken zich soms los te maken van haar lichaam en vrij door de keuken te bewegen; en of ze nu een pan op het vuur zette, aardappels schilde of ergens zout over strooide, steeds hadden haar handen een gratie die hij schitterend vond, al kwam een aanduiding als *gracieus* natuurlijk niet bij hem op, want hij was nog maar vijf of zes jaar oud. Hij zat geregeld in de vensterbank om naar zijn moeder te kijken, leunend tegen het doorgaans bewasemde raam waar de witte, met een patroon van groene en oranje bloemen bezette gordijnen tegenaan plakten, zodat de geur van nat textiel een ongemakkelijke verhouding aanging met de geuren van het eten, als zoet en zout water in de monding van een rivier. Hij kan zichzelf nog altijd zo zien zitten, in die vensterbank, en hij kan nog altijd zijn moeder zien, haar schort, de manier waarop ze een voor haar ogen gevallen lok haar wegblies, en haar handen natuurlijk, de dans die ze deden, ook al is die alweer lang geleden tot rust gekomen, in 1986, op een dinsdagochtend, bij regenachtig weer, na een ruptuur van de aorta.

Henk is kennelijk aan het dromen want achter zijn oogleden bewegen de oogbollen onrustig in hun kassen. Mogelijk gaat het om een droom die hij de laatste maanden geregeld heeft en die hem zo nu en dan bezighoudt. De droom komt in variaties, maar de substantie ervan is altijd dezelfde: hij woont in een huis waarvan de grenzen troebel zijn. Zijn woning loopt op een onduidelijke manier over in andere woningen; er ontbreken muren; er zijn doorkijkjes die hem een intiem zicht geven op andere levens; het gebeurt weleens dat een vreemdeling een kamer binnenkomt waar hij zich bevindt en die hij zich de zijne dacht maar dat niet blijkt te zijn en die hem van het ene op het andere moment vreemd is.

Henk begrijpt de droom als een verbeelding van het oude onbehagen over zijn onsamenhangende ik – het gevoel als zand uiteen te vallen. Hij begrijpt waarom dat goeddeels bedwongen onbehagen in zijn dromen toch weer opduikt: als de prefrontale cortex de teugels laat vieren, komen oude spoken uit de coulissen. Maar hij begrijpt ook dat hij er met die laconieke interpretatie niet helemaal komt. De droom roept een krachtig gevoel van dreiging op en dat is nieuw. Voorheen was het onbehagen, nu is het angst. Waarom? Nou, denkt Henk, dat zal wel doodsangst zijn. De droom attendeert op het resolute eindstadium van zijn onsamenhangende ik. De troebele overgangen in de woning die wel/niet/ soms/misschien van hem is, het verlies aan betrouwbare vorm, laat zich gemakkelijk zien als een prefiguratie van het lichaam dat uiteenvalt, als spul, in natte aarde.

Goed, doodsangst dus, maar dat zit Henk dwars. Hij is niet bang voor de dood. Eerlijk gezegd vindt hij doodsangst een tikje kinderachtig. Hij ziet niet uit naar zijn overlijden, naar het dood-gaan, natuurlijk niet, maar dood-zijn boezemt hem geen enkele angst in. Zoals hij Freek wel eens heeft voorgehouden: eenmaal dood is er niets meer dat dood-zijn kan ervaren, dus waar maak je je druk om? Nog los van die filosofische kalmte koestert Henk de overtuiging dat de dood een zegen is: dat al het goede uit *het natte graf van onze geboorte* komt. Het is een eenvoudige economische wet: waarde komt met een beperking, in duur, in omvang, in aantal. Eindigheid geeft het leven waarde. Daarbij (zo denkt hij weleens in een knusse bui): is de dood niet onze trouwste metgezel? De dood is er altijd, vanaf het prilste begin, zoals onze schaduw, en hij blijft met elke stap bij ons, ademtocht na ademtocht, in voor- en tegenspoed, om ten slotte de laatste snik van onze lippen weg te nemen, en ons aldus het geschenk te geven van een eindig leven.

Dus wat moet Henk met de interpretatie van zijn droom

als een manifestatie van doodsangst? Nou, niets. Niks. Hij haalt geïrriteerd zijn schouders op. Dromen zijn dromen, houdt hij zichzelf voor, betekenisloze verzinsels, reflexmatig in elkaar gestoken door slaperige hersenen, samengesteld uit wat toevallig voorhanden is... Dromen zijn minder dan bedrog: ze zijn onzinnig. Hoe dan ook, hij is niet bang voor de dood. Punt, uit.

Inmiddels slaapt Henk overigens heel rustig, zonder gedraai van de oogbollen, zonder spasmen, in vrede. Kennelijk droomt hij niet meer. Zijn mond is opengevallen. Er loopt een sliertje speeksel vanuit een mondhoek langs zijn wangen. Hij heeft zich niet geschoren zodat op de wangen een grauwsluier is ontstaan, en daar zoekt het sliertje speeksel zich een bedding, als in een woestijn waar na een lange droogte het eerste water weer vloeit, aarzelend nog, als voorbode van de moesson, of hoe dat in een woestijn ook heet.

Nog eens: het is werkelijk een zegen dat Henk zichzelf nooit zo zal zien.

Om een uur of drie wordt Schurk wakker. De hond opent de ogen, tilt de kop op en zoekt Henk, zoals altijd. Hij vindt hem op de bank, nog in slaap. Dat is voldoende geruststelling om de kop terug te laten zakken op de rand van de mand. De ogen blijven open. De hond lijkt rustig maar wie hem goed kent kan zien dat de ademhaling aan de snelle kant is. Bovendien is het licht verontrustend dat de hond niet doet wat hij altijd doet na een dutje, namelijk opstaan en naar de waterbak lopen om luidruchtig wat te drinken. Zowel de snelle ademhaling als het afwijkende gedrag, weten we, is een gevolg van hartfalen. Hartfalen betekent dat het bloed onvoldoende circuleert. Hierdoor kan zich vocht ophopen achter de longen. Dat veroorzaakt benauwdheid. Vandaar de relatief snelle ademhaling. Daarbij veroorzaakt hartfalen vermoeidheid, door die intensieve ademhaling, maar ook omdat de organen en weefsels onvoldoende voeding en zuurstof krijgen. Vandaar dat de hond liever in zijn mand blijft liggen. Er is geen reden voor paniek, want de symptomen betekenen niet dat het hartfalen opeens ernstiger is geworden, zo snel gaat het niet, maar het is wel tijd dat Schurk zijn medicijnen krijgt. Het zou daarom goed zijn als Henk wakker wordt. Bovendien staat er meer op het programma. Schurk moet worden uitgelaten want door de pillen zal hij moeite hebben zijn plas op te houden. Vervolgens moet Henk zich gereedmaken voor de barbecue bij Freek, die om een uur of vijf begint. Omdat hij met de bus gaat (zodat hij kan drinken; het is ondenkbaar dat hij een dergelijke gelegenheid doorstaat zonder een alcoholische beschermheilige), zit hij niet al te royaal in zijn tijd.

En dus is het goed dat ook Henk wakker wordt. Het is een heel ander ontwaken dan eerder die dag. Waar 's ochtends zijn bewustzijn aan kwam slenteren, staat het nu onmiddellijk tetterend voor zijn neus. Onaangename warmte! Dorst! Schurk! Hartfalen! Medicijnen! Barbecue! Het is een onaangename manier om wakker te worden en dat wordt nog erger omdat het getetter leidt tot haastig overeind komen en dat komt hem te staan op een scheut in zijn onderrug waar hij niet van terugheeft.

'Au!'

Hij laat zich terugzakken en wacht tot de pijn wegtrekt. Dat duurt een paar minuten. Hij kent de pijn: hij heeft ooit een hernia gehad en de onderrug is sindsdien een kwetsbare plek. Hij moet voorzichtiger zijn. Zo: hij trekt zijn benen op en steunt vervolgens op zijn ellebogen, zodat hij zichzelf overeind kan duwen; vervolgens zet hij een been naast de bank, dan het andere, en door kalmpjes met deze beweging mee te draaien komt hij pijnloos overeind. Nu hij eenmaal zit ziet hij Schurk, die nog altijd naar hem kijkt.

'Hé, mannetje...'

De hond trekt een wenkbrauw op, zoals altijd, maar Henk heeft inmiddels gezien dat het dier te snel ademt. Hij staat op, haalt de bak met water, denkt aan het advies van vochtbeperking en loopt terug om de helft van het water weg te gieten, loopt dan weer naar de woonkamer en zet de bak bij de mand. Schurk, dankbaar, komt overeind en drinkt. Intussen haalt Henk de medicijnen die Schurk zonder protest naar binnen slokt met het laatste water. Vervolgens kijkt het dier hem aan.

'Nee,' zegt Henk, 'meer mag niet, dat is slecht voor je hart.'

Het is verschrikkelijk warm in de woning. Buiten het raam is het licht zo hel dat Henk de overzijde van de straat niet eens ziet. Hij zet een raam aan de voorzijde open en laat voor de andere ramen de jaloezieën neer. Vervolgens zet hij aan de achterzijde de keukendeur open zodat er wat trek ontstaat. Dat is beter. Staand bij de koelkast drinkt hij een groot glas koude karnemelk, nee, twee glazen. Dat is nog beter. Hij zucht diep. Het gaat de goede kant op. Schurk staat nog altijd bij zijn mand, onzeker, mogelijk in het besef dat het een ongebruikelijke dag is waarop ongebruikelijke dingen gebeuren. Henk ziet het en begrijpt dat de hond een beslissing nodig heeft, maar daar is hij nog niet aan toe. Hij neemt een derde glas karnemelk dat hij niet in één keer leegdrinkt, maar met min of meer bescheiden teugjes. De drank is zo koud dat zijn keel verdoofd aanvoelt. Nu iets eten. Hij kijkt rond. Een appel. Hij eet een appel. De appel is melig en flauw dus hij gooit hem na één hap weg. Wat dan? Hij opent de koelkast, pakt de kaas, snijdt een stuk af en eet het op. Het schuldgevoel dat onmiddellijk opspeelt, dempt hij door alsnog een appel te nemen, even melig en flauw als de eerste, maar de emotionele context is veranderd en dus zijn smaak en substantie niet meer relevant – het gaat nu om leniging van schuldgevoel en dus eet hij de appel helemaal op, tot op het klokhuis. Een hostie smaakt tenslotte ook nergens naar.

Schurk is gaan zitten. Hij knielt bij de hond neer en spreekt hem toe.

'Schurk, lieve hond van me, we gaan even wandelen, niet lang, een klein rondje, maar lang genoeg om te kunnen plassen. Plassen is belangrijk, altijd al, maar nu des te meer. Je moet van het vocht af. Daarom krijg je pillen. Het zal je helpen beter te ademen. Oké?'

Schurk reageert niet maar Henk ziet dat het dier hem begrijpt, niet letterlijk natuurlijk, in de zin dat de hond een inhoudelijk begrip heeft van zijn woorden, maar wel een emotioneel begrip: de klank van Henks woorden heeft de hond ervan overtuigd dat Henk weet wat hij doet. Dat is essentieel. Henk is de baas. De baas is de maat der dingen. Wat de baas doet of laat, zegt en verzwijgt, geeft en neemt, kadert de wereld van het dier zodat het weet waar het aan toe is. Schurk weet dus waar hij aan toe is en als ze even later op straat lopen plast hij bij de eerste de beste lantaarnpaal. Al plassend kijkt hij naar Henk.

'Goed zo, jochie...'

Het gevoel van naderend onheil – die atoomramp die al gaande is maar het stadje nog niet heeft bereikt – is weg. De straten en huizen hebben zich neergelegd bij de hitte en alle expressie opgegeven. Ze zijn alleen nog maar wat ze zijn, zonder ambitie, alle energie is verdampt. Binnen enkele minuten is Henk doorweekt van het zweet. Schurk, die inmiddels drie keer heeft geplast, heeft de tong uit zijn bek hangen. Wat Henk goeddoet is dat de tong niet bleek is, zoals vanochtend, maar roze, zoals het hoort. Hij heeft het niet in de gaten, maar hij glimlacht, en dat komt door de herinnering aan de tong van de pup die Schurk was, een zacht, roze, voorzichtig tongetje dat hem in alle vroegte wekte omdat er moest worden geplast of gepoept. God, wat was hij verliefd op het dier! Hij wandelde, speelde en knuffelde ermee. Hij riep het dier en zag hoe het op hem af stoof met een aandoenlijke golfslag van wapperende oortjes en een roze tong uit de open bek. Hij gaf het zonder schaamte zoentjes op de zwarte neus. Hij liet de zijdezachte oren tussen zijn vingers glijden. Hij keek in de oren en wreef opgedroogd traanvocht uit de ooghoeken en inspecteerde de bek en trok teken uit de roze huid die tevoorschijn kwam als hij de vacht opzijduwde. Ze hebben nog altijd een intieme relatie en Henk vraagt zich af (ze lopen nu door een beschaduwde steeg, alweer vlak bij huis) of hij met enig ander levend wezen zo'n vanzelfsprekend intiem contact heeft gehad. Nee. Niet met de vrouwen in zijn leven en niet eens met de duizenden patiënten die hij heeft verpleegd in alle mogelijke toestanden van ontluisterende intimiteit. Henk realiseert zich ook – en met dat besef komt de vertrouwde vlaag van een somberheid die desgewenst ontleed kan worden in elementen als schuldgevoel, zelfhaat en existentiële vermoeidheid, maar laten we dat niet doen – dat dit niet zo zou zijn geweest in het geval van vaderschap. Dat inzicht heeft hij te danken aan Freek. Dat zit zo. In de tijd dat ze elkaar geregeld zagen, na de dood van Jan, werd Rosa geboren. Als Henk zijn jongere broer kwam halen trof hij hem vaak in de weer met de baby en werd altijd getroffen door hun intimiteit. Hij zag hoe Freek haar ronddroeg en haar wiegde; hoe hij haar aan zijn pink liet sabbelen zodat ze in slaap kon vallen; hoe hij met haar speelde en tegen haar praatte en lachte; en hij zag hoe de baby naar haar vader keek, onzeker, met ogen die nog niet goed konden focussen, die nog niet beschikten over de goed geoutilleerde *back office* van ontwikkelde hersenen, maar al wel het intense verlangen uitdrukten om te weten wie het was die haar ronddroeg en vasthield en voor haar zong en haar verschoonde. Pappa! Henk keek graag naar vader en dochter, maar niet zonder pijn, niet zonder aan Lydia te denken, aan haar verlangen naar een kind, en aan zijn verlangen naar een kind, en aan de reden dat dit verlangen onvervuld bleef, en aan wat dit zou kunnen betekenen.

Freek nam de baby in zijn handen en tilde haar boven zijn hoofd en liet haar rondgaan.

'Daar vliegt Rosa door de lucht!'

En daar vloog ze door de lucht, die baby, dat leven van een paar maanden oud, met een gezichtje dat vertrok, waarvan de mond openging en de ogen zich toeknepen, niet van angst, maar als een eerste aanzet van wat al snel een verrukkelijke lach zou zijn.

Bij de voordeur knielt Henk neer en neemt de kop van de hond in zijn handen. Schurk kijkt hem aan. In de ogen ligt de gebruikelijke weemoed, dat hondenverdriet, een onpeilbaar inzicht in de werkelijke stand van zaken (alles gaat voorbij), dat uiteindelijk de bron is van het wezenskenmerk van *canis lupus familiaris*: de tomeloze levenslust. Henk voelt de vertrouwde vorm van de lange bek, de zachtheid van de vacht, de warmte van de zwarte lippen.

'Zo, jochie,' zegt hij hardop maar met de nodige moeite doordat zijn keel wordt dichtgeknepen door een acuut begrip van de diagnose hartfalen, door zijn machteloosheid, door het besef van zand dat tussen de vingers door glijdt, kortom, door het volstrekt waardeloze ontwerp van dit leven, deze wereld en dit universum, 'nu zijn we weer thuis, jij en ik...'

***

Henk neemt een douche, scheert zich en kleedt zich vervolgens aan voor de barbecue. Hij kiest een lichte linnen broek en een hemelsblauw overhemd dat hem iets slanker maakt. Vervolgens bekijkt hij zichzelf in de manshoge spiegel in zijn slaapkamer, routineus, draait van links naar rechts en terug, gaat met een hand over zijn schedel en schikt nog iets aan zijn kleren. Het is goedbeschouwd merkwaardig gedrag. Hij kleedt zich naar de veronderstelde blik van een ander die in wezen hijzelf is, en dus laat hij zich een paar tellen van zijn beste kant zien aan zichzelf die zich voordoet als een ander. Hij trekt zijn schouders naar achteren, houdt de buik in en richt de kin iets op. Hij beseft heel goed dat hij over een paar tellen zal wegdraaien van de spiegel, die ander zal vergeten, en alle inspanningen om zich van zijn beste kant te laten zien zal laten varen. Toch kan hij zich niet aan zijn eigen gedrag onttrekken. Omdat hij gevangen raakt tussen twee polen – inzicht maar niet handelen naar dat inzicht – ontstaat een spanning die zichtbaar wordt als een zekere stijfheid, als verlegenheid, en die zich dit keer – want zo'n dag is het: al vanaf het moment van ontwaken worden overal uitroeptekens gezet – baldadig een weg naar buiten baant in een even idiote als verlossende handeling: hij steekt zijn tong uit tegen een spiegelbeeld dat met een indrukwekkend vertoon van imitatie hetzelfde doet.

Voordat hij op weg gaat geeft hij Schurk een zoen op de kop. De hond kijkt op en een tel denkt Henk dat het dier zal knipogen, maar dat gebeurt gelukkig niet. Eenmaal buiten grijpt de hitte hem meteen in zijn nekvel, zoals zijn vader dat vroeger weleens deed als ze wandelden, in het Thijssepark bijvoorbeeld, om hem te wijzen op een boom of plant of bloem. Zijn vader is al lange tijd dood. Hij ligt met zijn vrouw in een graf dat Henk zo nu en dan opzoekt, niet zozeer om zijn ouders te gedenken, maar omdat hij zelf op die plek zal komen te liggen.

'Kijk, Schurk, daar kom ik te liggen. Mooie plek, vind je niet?'

De hond reageert nooit. Hij heeft geen idee waar die plek toe dient. Verreweg de meeste doden liggen er al zo lang begraven dat ze geen specifieke geur meer afgeven die de hond zou kunnen verontrusten of opwinden. Kort aangelijnd aan de pin van het ogenblik volgt hij met zijn ogen een hommel of vlinder, snuffelt in het grind en kijkt af en toe op naar de in gedachten verzonken baas. En als de baas opduikt uit zijn gedachten en in de ogen van de hond plonst, komt er als vanzelf een glimlach, ingegeven door de onbevangen dagdieverij van het dier, door die allerlichtste vorm van leven. Niet in de laatste plaats dankzij Schurk kikkert Henk steevast op van het kerkhofbezoek.

De bushalte is bij het station, op ongeveer tien minuten lopen, een afstand van niks maar omdat hij aan de late kant is zit er niets anders op dan de pas erin te zetten, hij beent echt door de hete straten, zodat hij al binnen enkele minuten weer hevig aan het zweten is. Dat is niet zo erg: de bus is effectief gekoeld en die oaseachtige koelte brengt Henk een plezierige ontspanning. Nog voordat hij zit komt de bus in beweging zodat hij met een plofje in de stoel valt: ook dat is plezierig. Terwijl ze zich door de straten van het stadje wurmen gaat zijn blik een paar graden omhoog. Het is een truc die hij als jongen heeft geleerd, in Amstelveen. Als hij zijn hoofd zelfs maar een klein beetje achterover kantelde, verscheen een andere straat: een straat van tweede en derde verdiepingen, van daken en schoorstenen, van boomtoppen, van de galerijflats aan de Sportlaan en van Hollandse luchten die hoog boven hem voortjoegen, wat er ook in de Pluimessenlaan gebeurde, zonder daar maar de geringste aandacht aan te besteden, laat staan aan dat ventje met het hoofd in de nek. Het effect was een gevoel van ruimte, van vrijheid en avontuur, waar hij zich graag aan overgaf. Nu, in de bus, gebeurt iets dergelijks. Hij kantelt zijn hoofd iets en ziet grijze gevels, kozijnen van natuursteen, dakpannen van leisteen, boomtoppen en de toren van de Sint Laurentiuskerk. Hij ziet de lucht, natuurlijk ziet hij de lucht, die zie je uiteindelijk altijd, en in allerlei gedaanten, hij is er dol op, vooral op de kakofonie van grijs, wit, blauw en donkerpaars die zo vaak de overgang tussen de seizoenen markeert, alles op drift, met wolken als schepen, als gerafelde kleren, als uiteengespatte vruchten, met lijnen die soms haarscherp zijn maar dan weer uitlopen zoals op een aquarel, met grijze schermen, als de baleinen van een walvis, regenbuien, ach dat zijn echt schitterende luchten en hij loopt graag door de polder onder zulke luchten omdat je dan alles vergeet en –

Maar goed, vandaag staat de hemel boven zijn leven als een smetteloos, juliblauw vlaggendoek. Ook prachtig. Hij herademt. Dat is steevast het gevolg van die omhoog dwalende blik: hij herademt en voelt dat de ruimte in zijn lichaam toeneemt. Met de ontspanning verandert de wereld nogal drastisch van karakter. Eenmaal buiten het stadje is er niets meer dat naderend onheil suggereert, geen atoomramp die elk moment over de wereld kan razen, zelfs geen grimmige hitte, maar slechts een zonnig, zomers landschap, precies zoals het hoort, Holland op zijn best, een vrolijke boel, water, weilanden, wilgen, koeien en schapen, een fuut, kieviten, en zelfs (ze rijden inmiddels langs het Amsterdam-Rijnkanaal) een paar blonde jongens in een roeiboot die danst op de boeggolven van een groot binnenvaartschip, de Andrea, die zo te zien met een lading steenkool richting Utrecht vaart. De jongens zijn gaan staan, ziet Henk, die zijn hoofd draait om het goed te kunnen zien, en houden zich met gespreide armen staande in het dansende bootje.

Hij grijnst omdat hij al weet wat er staat te gebeuren en ja hoor, daar gaat een van de jongens overboord, plons, om na een paar tellen weer boven te komen. De andere jongen is door de plotselinge beweging ook gevallen, in de boot, maar krabbelt alweer overeind om de in het water gevallen jongen een hand te reiken.

Het volgende moment zijn ze uit het zicht. Henk heeft zich helemaal om moeten draaien om het tafereel te kunnen zien en nu, terugdraaiend, valt zijn oog op een medepassagier, een vrouw, die hij herkent maar niet meteen kan thuisbrengen. Zij kijkt terug. Hij ziet dat ook zij gevangenzit in herkenning zonder bijschrift en het gevolg is dat ze elkaar een tijdje blijven aankijken, zonder uitdrukking, hun gezichten leeg als een mededelingenbord bij stroomuitval, maar intussen koortsachtig op zoek naar kennis die een passende uitdrukking mogelijk maakt: dat ze elkaar kennen van vroeger bijvoorbeeld, of uit de supermarkt, of uit het ziekenhuis. Het duurt lang, het wordt een beetje pijnlijk. Dan zegt de vrouw met een glimlach: 'Hoe is het met je hond?'

Nou moe! Het is de vrouw die hij vanochtend zag bij de woonboot met dat rommelige erf, de vrouw die zo goed was Schurk een bak water te geven, wat achteraf gezien niet zo handig was, maar dat kon hij niet weten en zij al helemaal niet. Ze zit een paar rijen achter hem, aan de andere kant van het gangpad.

'Goed. Nou ja, niet zo goed eigenlijk. We zijn bij de dierenarts geweest en hij blijkt hartfalen te hebben.'

'Dat klinkt best ernstig.'

'Ja. Dat is ernstig. Het betekent dat zijn hart niet meer helemaal goed is. Het pompt niet goed genoeg.'

Zijn hart. Zijn bloedpomp. *Punt uit.* Oh nee, denkt Henk, verbeten opeens, helemaal niet punt uit. Daar begint het avontuur pas. Schrijvers en dichters laten er hun taal op los en dan wordt zo'n hart heel wat meer dan een pomp, het wordt een heel landschap... Wat is dat verdomme toch met mensen zoals Saskia, dat gebrek aan verbeeldingskracht, die vermaledijde, als nuchterheid gecamoufleerde afwezigheid van poëzie? Nuchterheid! Platheid, dat is het, een cultuur van koude aardappelen... Henk is opeens gevaarlijk dicht bij een mate van grimmigheid die zijn humeur kan bederven en dat is niet de bedoeling, beslist niet, er is geen enkel excuus om het humeur te laten bederven, en dus is het goed dat hij zich bijtijds de ontspanning herinnert die zich van hem meester maakte bij het betreden van de bus en die hij moet zien vast te houden. Hij laat zijn schouders zakken. Hij ontspant zijn handen. Hij ademt met zijn buik.

'Ach, het schatje. Het is een mooi hondje. Wat voor ras is het?'

'Een kooikerhondje. Dat is een oud-Hollands ras. Je ziet ze wel eens op schilderijen uit de Gouden Eeuw. Jan Steen en zo.'

De vrouw is ouder dan hij die ochtend dacht. Het toont in haar ogen en stem. Hij probeert haar handen te zien om zijn veronderstelling te controleren, maar dat lukt niet. Ja, dat lukt wel: hij staat op en gaat naast haar zitten.

'Anders praat het zo moeizaam.'

Ze glimlacht. Ze heeft een lief gezicht. Haar handen bevestigen dat ze inderdaad ouder is dan hij eerder dacht: ze is zo'n beetje van zijn leeftijd. Henk vangt haar geur op, zoals hij dat die ochtend ook deed, een kruidige geur, garam masala, iets in die sfeer. Lekker. Ze is inderdaad aantrekkelijk. Ze heeft iets zachts over zich, iets vloeiends, iets waar hij zich tegenaan zou willen vlijen. Ze heeft zich opgetut, ziet hij nu ook: misschien dat hij haar daarom niet sneller herkende. De make-up maakt haar, tja, wat? Jonger? Nee dus. Mooier? Nee. Levendiger? Ja, dat is het, levendiger. Het is duidelijk dat ze plezier wil hebben. Ze straalt. Ze is vastbesloten om plezier te hebben en dat zal ze ook hebben, of ze nou op weg is naar vrienden, een museum of concert, een kattenshow of weet-ik-veel een tractortentoonstelling of zo. Maar nu valt er een schaduw over haar gezicht. Ze schuift heen en weer over de zitting. Henk begrijpt dat er een licht ongemak is ontstaan, bij haar, en nu ook bij hem. Natuurlijk: hij is naast haar gaan zitten en heeft vervolgens niets meer gezegd en dat wordt een tikje benauwend. Er moet iets worden gezegd. Henk bedenkt zich geen tel en stort zich in een zin.

'Ga je naar een tractortentoonstelling?'

'Wat? Nee. Hoe kom je daar nou bij?'

'Oh, ik weet het niet, ik dacht... Kooikerhondjes werden vroeger gebruikt om eenden in een kooi te jagen, zodat ze gevangen konden worden. Kooi. Kooiker. Vandaar.'

'Hoe heet hij?'

'Schurk. Dat was een koosnaampje dat hij als pup kreeg en om een of andere reden is dat blijven hangen.'

'Was hij zo stout?'

'Nee, helemaal niet. Hij was een pup. Puppies zijn lastig. Ze kauwen op schoenen en aan tafelpoten en plassen en poepen waar ze zin hebben. Zo werd hij kleine schurk, schurkje, schurkeplurk. Schurk. Maar stout, nee, hij is altijd een lieve hond geweest...'

'Hij heeft ongelooflijk lieve ogen.'

Dat is waar. Schurk heeft de liefste ogen in de hele wereld, dat is zonder meer een feit, maar tot nu toe dacht Henk dat het uitsluitend *zijn* feit was (en mogelijk dat van Lydia). Hij weet daarom niet zo goed hoe hij moet reageren.

93

'Je houdt zeker veel van hem?'

Godallemachtig, wat een vraag. Ze draait er niet bepaald omheen. Wat moet hij daar in godsnaam op antwoorden?

'Ik houd meer van hem dan van enig ander levend schepsel.'

Jezus. Wat is er opeens aan de hand? Wie of wat heeft in hem het woord genomen? Hij krijgt geen tijd om over die vraag na te denken.

'Het is fijn om te zien dat iemand in staat is om met zo veel overgave lief te hebben.'

Henk zwijgt. Hij weet zich geen raad. De vrouw naast hem is te ver gegaan. Ze is te dichtbij gekomen. Ze heeft, voor het eerst bij hem thuis, doodleuk de koelkast geopend. Is ze gek?

'Ik heet Mia,' zegt ze.

'Henk,' zegt Henk.

'Ik ga niet naar een tractortentoonstelling maar naar een concert, in Loenen, in de kerk. Een strijkkwartet.'

Henk herinnert zichzelf aan de ontspanning, aan de voordelen van die ontspanning, aan het eenvoudige karakter dat de wereld erdoor krijgt, hoe de levenslust opeens centraal komt te staan en hoe wezenlijk dat is want het is niet zozeer eten en drinken dat ons gaande houdt, maar levenslust. Hij haalt diep adem, door zijn buik, en geeft zijn lichaam over aan de stoel.

'Schurk houdt van *Für Elise*.'

'Echt waar? Hoe weet je dat?'

'Als ik *Für Elise* opzet blijft hij doodstil zitten, houdt zijn kop scheef en trekt een wenkbrauw op. Hij heeft het ook bij een bepaalde regel in een van de *Kindertotenlieder* van Mahler. En bij *Una paloma blanca* van de George Baker Selection. Dat vindt hij sowieso te gek, van begin tot eind.'

De vrouw schiet in de lach. Uitgelachen zingt ze met een zachte, zuivere stem een regel van Mahler.

'Nun will die Sonn' so hell aufgeh'n...'

'Daar reageert hij nog niet, maar later, bij de laatste regel. Heil (hij zingt nu ook) sei dem Freudenlicht der Welt... Daar luistert hij naar. Altijd. Precies bij dat zinnetje.'

'Een muzikale hond, jeetje... Denk je dat alle honden muzikaal zijn?'

'Nee,' zegt Henk beslist. 'Schurk is de enige.'

Ze lacht opnieuw. Henk grijnst. Ze is niet gek. Ze zit gewoon vol leven. Ze is heel erg niet-Saskia. Misschien zijn niet-Saskia's zo zeldzaam geworden dat hij ze is ontwend en meteen gekte vermoedt als hij zo'n zeldzaam exemplaar tegen het lijf loopt.

Ze zegt: 'Ik zit ook altijd heel stil als ik naar muziek luister, maar ik geloof niet dat ik mijn hoofd scheefhoud of een wenkbrauw optrek. Jij?'

'Geen idee. Nooit op gelet.'

Ze rijden Loenen binnen en bij het naderen van haar bestemming valt hun gesprek stil, misschien omdat ze zich afvragen hoe het afscheid zal zijn: wat precies de stand van de relatie is na hun gesprek en wat, op basis daarvan, de juiste wijze van afscheid nemen is. Het is belangrijk dat ze de gepaste sociale code kiezen. Met die code zal, impliciet, een oordeel over de relatie worden geveld en dat oordeel bevat alle mogelijkheden en onmogelijkheden van een vervolg. Henk denkt daarom koortsachtig na. Hij wil de vrouw heel erg graag nog eens zien. Hij vindt haar lief, grappig en aantrekkelijk. Hoe vaak gebeurt dat? De vraag is natuurlijk of die gevoelens wederzijds zijn. Als Henk dat verkeerd inschat en de verkeerde code kiest, loopt hij het risico dat hij de vrouw van zich vervreemdt en nooit meer zal zien. Er is een breed spectrum. Hij kan haar bijvoorbeeld kussen, wat hij graag zou willen, maar het lijkt waarschijnlijk dat ze daar negatief op reageert. Aan de andere kant van het spectrum: als hij bij het afscheid salueert zal hij haar vermoedelijk evenzeer van zich vervreemden. Waar zit tussen die uitersten de juiste code? Moet hij haar een hand geven? Moet hij, als hij een hand geeft, zijn andere hand op de hare leggen? Moet hij haar omhelzen? Zijn telefoonnummer geven? Voorstellen elkaar nog eens te zien? Afspreken in een kroeg, later vanavond, bijvoorbeeld om tien uur? De mogelijkheden zijn eindeloos! Wie Henk een beetje kent, kan het voortjagen van zijn gedachten zien. Zijn ogen zijn onrustig. Zijn wenkbrauwen bewegen. Hij heeft zijn vingers in elkaar gedraaid en duwt de duimtoppen tegen elkaar, alsof hij ze platter probeert te maken.

De bus staat stil bij de halte. De vrouw komt overeind uit haar stoel waarbij ze een hand op de leuning van de stoel voor haar legt.

'Dit is mijn halte.'

Henk staat op, haastig, en stapt in het gangpad, achterwaarts, ook haastig, nog steeds in de ban van zijn voortjagende gedachten, de urgentie ervan, de spanning die nu razendsnel oploopt omdat de vrouw uit de rij en in het gangpad stapt. Daar gaat ze al. Hij is te laat! Nee, wacht, ze draait zich om. Ze kijkt hem aan met een glimlach, een heel lieve glimlach, warm en levend en echt verschrikkelijk lief, en legt een hand tegen zijn borst, op de plek waar veel mannen een stropdas dragen maar dat doet Henk vrijwel nooit.

'Dag, lieve Henk. Geef je een knuffel aan Schurk?'

En weg is ze. Ze stapt uit en loopt langs de bus naar achteren en verdwijnt in een steeg. Henk staat nog in het gangpad als de bus weer in beweging komt en pas dan ziet hij dat hij zijn linkerarm gestrekt voor zich houdt, raadselachtig, hij heeft werkelijk geen idee hoe zijn arm zich heeft kunnen strekken zonder dat hij er weet van had, maar feiten zijn feiten, zijn linkerarm is gestrekt en dat feit is goedbeschouwd alleen te verklaren als hij veronderstelt dat hij getracht heeft de vrouw tegen te houden. Maar als dat het geval is, beseft hij meteen, heeft hij gefaald. Hij heeft haar niet tegengehouden. Hij heeft zelfs niets meer tegen haar gezegd, geen enkel teken gegeven van zijn affectie, laat staan dat hij zijn telefoonnummer heeft gegeven of op zijn minst heeft gefluisterd dat hij haar echt heel graag nog eens wilde zien.

Gefaald? Dat is het woord niet eens. Hij is hopeloos in gebreke gebleven. Hij heeft zich, 56 jaar oud, gedragen als een verlegen schooljongen. En met dat besef zakt hij terug in de stoel, langzaam, verslagen, de stoel naast hem leger dan het heelal.

***

Spul dus? Ja, spul. Alleen maar spul? Ja, alleen maar spul. Maar: schitterend spul! Poëtisch spul... Want kijk dat spul eens zitten in zijn busstoeltje met een wezenloze glimlach rond zijn lippen. De nederlaag is al binnen een paar minuten vergeten, liefdevol bedekt met de poedersuiker van opspelende verliefdheid. Poëzie: het wonderbaarlijke vermogen van spul om verliefd te worden. Laten we daar even bij stilstaan: spul dat verliefd wordt... Dat is nog maar één transformatie. Met hetzelfde gemak wordt dat spul schoonheid, genot, goedheid, eer, rechtvaardigheid, inzicht, kennis, rationaliteit, wiskunde en het standaardmodel van de deeltjesfysica... Is dat niet schitterend? Oh ja, Henk vindt dat schitterend.

Wat dat standaardmodel betreft: Henk heeft onlangs begrepen dat het model met de ontdekking van het higgsboson is voltooid en dat het een volledige beschrijving geeft van onze aardse realiteit. Alles wat we hier op aarde kennen kan nauwkeurig worden beschreven in termen van deeltjes, niet in praktische zin natuurlijk, onbegonnen werk, maar in beginsel. Dat beneemt hem de adem. Alles! Wat een verhaal! Eerst is er een fikse knal en die toverdoos van deeltjes. Daarna volgen de vorming van sterren en sterrenstelsels en planeten, zoals de aarde. Vervolgens: de vorming van een atmosfeer, platentektoniek en het eerste leven. Dan: de complexe cel, seks en homo sapiens. Dan: mijnbouw, auto's en fatale verkeersongevallen. Dan: het sterven van een naaste, rouw en het hervinden van levenslust. Dan: filosofie, kunst en wetenschap. En het wonder is dat op elk niveau de voorgaande niveaus onverkort blijven gelden! Het is als schaken: de elementaire deeltjes zijn de stukken en het standaardmodel beschrijft de spelregels. Op basis daarvan zijn eindeloos, nee, niet eindeloos maar wel ontstellend veel partijen mogelijk, Catalaans en Grünfeld-Indisch, goede en slechte partijen, partijen die binnen worden gespeeld en buiten, op het noordelijk halfrond en op het zuidelijk, door mensen met een goed karakter en mensen met een slecht humeur, enzovoort, in een schier eindeloze variëteit, maar nooit in tegenspraak met de spelregels.

Poëtisch spul... De eerste regel van het gedicht dat we in de bus zien is de wezenloze glimlach op het gezicht van Henk. De tweede regel is het gevoel van jubel in zijn borst, onzichtbaar, een eigenschap van zijn dansende hart. De derde regel: de beelden van Mia die voor zijn ogen verschijnen, gretig teruggeroepen uit het geheugen, de nadere inspectie van die beelden, de ontdekkingen die hij daarbij alsnog doet, zoals de rode jurk die ze droeg en die haar fantastisch stond (vierde regel), de elegante sandalen en de lange, slanke voeten in die sandalen (vijfde regel), het vrouwendons op haar wangen (zesde regel), de oorbel in de vorm van een muzieksleutel (zevende regel), de verrukkelijke geur van garam masala (achtste regel)...

De negende regel is dat hij vergeet uit te stappen. Pas als de bus Vreeland alweer heeft verlaten en de provinciale weg opdraait in de richting van Hilversum ontdekt hij zijn vergissing en roept 'Stop!' en verdomd, de chauffeur is zo goed om te stoppen en hem uit te laten, ook al is er geen halte. Hij loopt terug het dorp in. Hij begint al snel weer te zweten, maar dat tast zijn humeur niet aan. Hij loopt met veerkracht. Hij lijkt waarachtig wel een jongeling. In zijn rechterhand houdt hij een katoenen tasje, bedrukt met de formule van het standaardmodel, en gevuld met de fles wijn voor Freek en Julia en het boek voor Rosa. Hij volgt de Spoorlaan, komt bij de Vecht waar de pleziervaart druk is met plezier maken, steekt over en slaat rechtsaf, de Voorstraat in. Freek woont in een ogenschijnlijk benauwd huis dat, eenmaal betreden, verbluffend ruim blijkt te zijn en bovendien een royale achtertuin heeft. Henk belt aan en doorstaat vervolgens de verwarring die aan het begin van zulke gelegenheden altijd heerst, al die beweging, al die lichamen, meer dan hij verwachtte, bekende gezichten en onbekende gezichten, de onoverzichtelijke infrastructuur, waar kan hij staan, waar kan hij zitten, waar kan hij een drankje krijgen, ah, dank je wel, wat attent, Prosecco, lekker hoor, en waar is Rosa, oh kijk, daar komt ze al.

'Oompje!'

Zijn nichtje ziet er schitterend uit en die schittering is volledig toe te schrijven aan haar jeugd. Ze is fris, zuiver en onbedorven. Ze is vrolijk. De zon zoekt haar op en licht haar uit zodat ze straalt. Als ze hem omhelst ruikt hij citrusvruchten, niet dankzij parfum, maar als eigenschap van haar huid. Ze is zeventien en met haar zeventien kan ze de wereld dragen, met gemak, al is ze zich daar godzijdank niet van bewust. Hij omhelst haar zo stevig als hij durft.

'Wat ruik je lekker,' zegt ze.

'Naar zweet?'

'Nee, lekker zeg ik toch. Naar Indisch eten of zo. Heb je een nieuwe aftershave?'

Ze lopen de tuin in. Achterin, tegen een hek van wilgentakken, rookt de barbecue. Freek staat erbij in een donkerblauw keukenschort. Hij pookt met een tang in de stapel kooltjes.

'Kijk eens aan, grote broer van me...'

Hij zegt het lijzig en met een lachje, alsof er in zijn woorden een grap schuilt. Misschien is dat ook zo maar dat zal voor Henk nooit duidelijk worden.

'Je hebt mijn jarige dochter al gevonden, zie ik...'

'Zij mij... Staat je goed, dat schort.'

'Dank je. Heb je gezien wat erop staat?'

Hij draait zich naar Henk en spreidt de donkerblauwe stof iets uit, zodat Henk de tekst kan lezen. *Mister Good Lookin' is Cookin'*. Henk grijnst. Hij haalt de fles wijn uit zijn tasje en geeft hem aan zijn broer, die onmiddellijk het etiket begint te bestuderen. Bij gebrek aan een bril houdt hij de fles op enige afstand. Het lezen is een inspanning. Door die inspanning trekt hij zijn bovenlip op, waardoor zijn gezicht een tamelijk komische, konijnachtig uitdrukking krijgt.

'Niet slecht,' zegt hij dan, terwijl hij Henk aankijkt, gek genoeg alsof hij dat over een denkbeeldig halvemaansbrilletje heen doet, 'lang niet slecht... Dank je wel.'

Hij kijkt de tuin rond en houdt dan de fles omhoog, als een trofee.

'Julia, kijk, een mooie Médoc. Van Henk.'

Julia zwaait en vervolgt dan haar gesprek met een forse vrouw in een kort, zwart jurkje dat op de buik bezet is met lovertjes. Rond de schouders heeft ze een rode doek. Henk herkent de keramiste, Janet, nee, Frederique, nee, Sonja, nee, maakt niet uit, die even verderop in het dorp een atelier heeft. Ze maakt vazen die gestileerde vrouwenlichamen voorstellen, een verbeelding van Moeder Aarde, als Henk het goed begrijpt. Ze heeft het hem weleens uitgelegd in een gesprek dat verliep als een terminale ziekte, ondraaglijk, en met een fatale afloop, namelijk Henks voornemen om nooit meer een woord met haar te wisselen. Het is hem een volstrekt raadsel waarom Freek en Julia zo innig met de vrouw bevriend zijn.

'Kom,' zegt Henk tegen Rosa, 'ik heb voor jou ook iets.'

Ze lopen terug naar het huis en vinden een rustige plek aan de eettafel in de keuken. Rosa pakt het boek uit en bekijkt het.

'Dank je wel. Waar gaat het over?'

'Over een jongen die op de rand staat van... Hoe zeg je dat? Van volwassenheid, al klinkt dat een beetje te ernstig.'

'Je bedoelt een coming-of-ageroman?'

'Ja, verdomd, dat bedoel ik. Hoe dan ook, hij wordt verliefd op een meisje op school, Rosa, daarom moest ik er nu aan denken. Maar ik heb het gekocht omdat ik het las toen ik ongeveer jouw leeftijd had. Ik vond het echt prachtig, dus ik ben heel benieuwd wat jij ervan vindt...'

Hij vertelt iets over het verhaal. Hij vertelt over de armoede in het schoenmakersgezin en het Amsterdam aan het einde van de negentiende eeuw en de dromerigheid van Kees.

Hij beschrijft de zwembadpas: lopen alsof je voorovervalt en tegelijk met je armen zwaaien. Dat gaat heel snel en je houdt het heel lang vol, vrijwel moeiteloos. De slotscène – zijn favoriet – beschrijft hij in detail. Kees loopt na school heen en weer op straat in de hoop Rosa te ontmoeten. Dat gebeurt natuurlijk. Rosa is minder verlegen dan Kees. Een paar passen lang houdt ze hem zelfs bij de arm en legt haar hoofd tegen zijn schouder. Kees vat moed en pakt haar hand. Zo lopen ze een eindje op, hand in hand, in dezelfde cadans. Dan vertelt Kees dat hij van school gaat om te beginnen op kantoor, maandag al, als jongste bediende natuurlijk, maar met goede vooruitzichten. Het is niet wat hij wil, weet de lezer, hij zou juist dolgraag door willen leren, maar ze hebben thuis het geld nodig. Kees houdt zich dus groot en dat is misschien wel de essentie van elk coming-of-ageverhaal: het nog zichtbare kind dat de bijna-volwassene probeert te dragen. Aan de buitenkant is Kees manmoedige aanvaarding, aan de binnenkant een jongen die al de hele middag een onbestemde weemoed voelt die hem zo nu en dan tot op de rand van tranen brengt. Rosa heeft het in de gaten. Ze vertelt dat ze heeft gezien hoe verdrietig hij is en dat ze hem zag huilen, stilletjes, eerder die dag, in de klas. Dan valt ze hem pardoes om de hals en geeft hem een paar kussen, op zijn wang, naast zijn mond, twee, drie keer. *Fijnerd, lieverd!* Vervolgens maakt ze zich los, draait zich om en vlucht weg. Kees kijkt haar na. Hij lacht en huilt tegelijk.

'En dan komt,' zegt Henk, 'de laatste scène, die ik nooit heb kunnen lezen zonder natte ogen te krijgen. Rosa is weggerend. Kees loopt naar huis over een stille, donkere gracht. Hij hoort muziek, blijde, schallende muziek... Zo staat het er. En hij voelt zich als een aanvoerder, trots en zeker en gelukkig... Dat staat er ook zo. En dan komt de laatste zin.

Geef het boek eens. Hier, moet je horen. En de mensen die hem voorbijgingen, wisten niet, dat daar een jongen ging, die àlles zou kunnen, nu hij eenmaal begonnen was; dachten dat het maar zo'n gewone jongen was, een jongen nog zonder geschiedenis, een jongen die daar zo-maar liep... Is dat niet... Dat is toch... Ik bedoel...'

'Oompje toch...'

'Sorry...'

Daar zitten ze dan, Henk groot en onhandig, Rosa jong en schitterend. Ze legt een hand op zijn onderarm.

'Ik ga het morgen meteen lezen.'

Hij knikt. Hij vraagt zich af waarom de zinnen van Thijssen hem zo hard raken, nu, hier, in dit succesvolle, welvarende huis waar het heel erg ongepast is om te gaan zitten snotteren. Hij wordt oud, dat is het, oud en sentimenteel. De schitterende jeugd van Rosa zet zijn jaren in een al te waarheidslievend perspectief. Hij wordt oud? Hij *is* oud. Verreweg het grootste deel van zijn leven is voorbij. Weg. Foetsie. Met wat geluk (en een dieet) heeft hij nog een jaar of vijfentwintig te gaan en dat is het dan. Vijfentwintig jaar!

Hij veegt zijn ogen droog met een papieren zakdoekje dat Rosa hem geeft, maar afwezig, opeens in de ban van een volgende, veel bemoedigender gedachte, ingegeven door de schatting van zijn levensverwachting. Als hij nog maar een jaar of vijfentwintig heeft, wel, dan heeft hij geen tel te verliezen! Hij moet het leven bij de strot nemen en niet meer loslaten! Hij voelt hoe zijn lichaam zich vult met energie. Hij zou willen opstaan om iedereen de hand te schudden, maar dat doet hij niet. Hij snuit zijn neus en glimlacht naar zijn nichtje. Hij herademt. Hij denkt: geen tel verliezen. Hij denkt: het leven bij de strot nemen en niet meer loslaten. En dan denkt hij: *straks langsgaan bij Mia...*

Julia loopt de keuken binnen met het benijdenswaardige gemak van een goede gastvrouw. Ze toont een parelende fles Prosecco.

'Henk, schat, wil je nog een drupje?'

En haar kussen...

'Lekker trouwens, die Médoc. Zijn we dol op. Alsjeblieft...'

En haar uitkleden...

'Hoor eens, ik ga nog even rond met de bubbeltjes maar straks moet je me precies vertellen hoe het met je gaat. Beloofd?'

En haar penetreren...

Pardon? Hij schuift pardoes zijn stoel naar achteren, van schrik, tegen het aanrecht aan waar kennelijk een paar glazen staan want hij hoort een zacht getinkel en even hangt er een bescheiden ongeluk in de lucht, glazen die vallen, hoofden die draaien, een praktische ziel die aankomt met veger en blik, maar dat gebeurt allemaal niet want die glazen blijven doodleuk staan.

'Kom,' zegt Rosa.

Ze neemt hem bij de arm, de tuin in. Ze stelt hem her en der voor. Hij praat, hij knikt. IC-verpleegkundige. Nee, valt wel mee, leed is tenslotte overal. En u? Recruitment. Ah. Hij drinkt. Rosa verdwijnt. Hij dwaalt. Hij ziet de keramiste. Hij duikt weg. De zon zakt maar de hitte neemt nauwelijks af. Freek beweegt in de walmen van de barbecue. IC-verpleegkundige, ja. Welnee, dat valt reuze mee, de meeste mensen overleven het ziekenhuis, die sterven thuis pas, hahaha. Freek duwt hem een plastic bordje met wat vlees in handen. Hij eet. Hij drinkt. Hij dwaalt. Daar is Rosa weer. Ze zwaait. Hij zwaait terug. Ze is schitterend. Hij voelt zich eenzaam. Hij botst tegen Julia aan. Ze vertelt over een probleem op haar werk maar loopt halverwege haar verhaal weg. Hij drinkt nog wat. Hij drinkt behoorlijk veel. IC-verpleegkundige? Nee hoor, recruitment. Hij dwaalt. Daar is de keramiste weer maar hij is nog alert genoeg, hij zigzagt behendig tussen de gasten door en weg is Henk. Hij gaat naar binnen en vindt beschutting in de verlaten woonkamer en drinkt nog wat.

Oh ja, denkt hij, terwijl de alcohol zich heupwiegend een weg zoekt door zijn bloed, geen twijfel mogelijk.

Hij moet haar penetreren.

***

'Zeg, het is dat ik beter weet, maar anders zou ik denken dat je me ontwijkt...'

Nogmaals: het is werkelijk een raadsel waarom Freek en Julia zijn bevriend met de keramiste. Ze eet twee, drie keer per week mee en in het huis staan minstens drie van die afgrijselijke vazen. Ze gaat geregeld mee naar het huis in Frankrijk. Van Rosa weet hij dat ze daar werkt op het erf, *naakt*, op een schort na. Rosa giechelde bij de beschrijving van de nogal forse, poederwitte billen die zachtjes schudden bij elke voetbeweging waarmee ze haar draaischijf rond liet gaan. Nu ze voor hem staat – bijna zo lang als hij, in dat zwarte jurkje, met die ellendige lovertjes op de welvende buik, door een heup geknikt zoals meisjes dat doen, en met een hand in de zij – ziet hij die poederwitte billen duidelijk voor zich, dat zachte schudden van ze, als een vermaning. Valt Freek op de keramiste? Valt Julia op de keramiste? Hebben ze een of andere, mijn God, hoe formuleert Henk dit zonder in een afgrond van walging te vallen, een of andere seksuele verstandhouding?

'Hoe is het met Freeks grote broer?'

'Die is dood.'

Het maakt niet uit wat hij zegt. Ze zal aanstonds over zichzelf beginnen te praten, over die kutvazen, en daar niet meer over ophouden totdat hij haar doodslaat, pardon, totdat hij zich uit de voeten weet te maken met een excuus dat zich nog net staande weet te houden op de grens van beleefde omgang.

'Ben je dronken?'

Henk vindt het reuze grappig om te zien hoe haar ogen zich bij die vraag vernauwen en het hele, tamelijke vlezige gezicht een uitdrukking van diep wantrouwen krijgt. Opeens ziet hij hoe er wel degelijk een vruchtbaar, nee, laten we zeggen vermakelijk gesprek kan ontstaan. Hij moet verwarring zaaien. Hij moet woorden kiezen die net buiten het gebruikelijke, beleefde, betamelijke, rationele, conventionele, sociale en acceptabele liggen, die net niet beantwoorden aan wat er wordt verwacht maar evenmin krankzinnigheid suggereren, zodat ze zich geen raad weet en het vlees van haar gezicht van de ene uitdrukking in de andere zal schieten, tevergeefs op zoek naar een passende expressie, totdat door uitputting een staat van expressief limbo wordt bereikt, elke uitdrukking gewist, met hooguit een restant van de perplexiteit waarmee ooit de eerste mensen om zich heen keken. Maar hij is te laat.

'Ik schilder tegenwoordig. Naakten. Niks geks, gewoon smaakvol. Ik wil graag dat jij voor me poseert. Volgens Freek ben je wel in voor dat soort dingen.'

De zak. Zijn blik dwaalt door de open schuifpui naar buiten, de tuin in, waar achterin nog altijd de walmen van de barbecue te zien zijn die tegen een inmiddels avondlijke lucht opstijgen. Freek ziet hij niet, maar Rosa wel. Ze staat tegen een lange, magere jongen geleund, haar arm rond zijn middel. Ze is druk in gesprek. Met haar vrije arm maakt ze gebaren. Dan ziet ze hem. Ze zwaait. Hij zwaait terug. Dan kijkt ze nog eens, grijnst en geeft een speels tikje op haar billen.

'Als je een keer langskomt op het atelier kan ik je wat werk laten zien. Weet je waar mijn atelier is? Als je hier de straat volgt... Maar wacht, we kunnen eigenlijk nu wel even gaan, het is maar een paar minuten lopen...'

Henk moet nu snel en beslist handelen. Hoewel de keramiste nog voor hem staat, heupknik, hand in de zij, is iets in haar lichaam al op weg naar de deur om hem voor te gaan naar haar atelier, en zover mag hij het absoluut niet laten komen. Onder geen beding mag de huidige situatie zich ontwikkelen tot een situatie waarin hij alleen is met de keramiste.

'Nee,' zegt hij dus, 'dat gaat niet. Ik wil Rosa graag nog even spreken. En Freek. En ik heb nog een andere afspraak, later vanavond, met een bijzonder aantrekkelijke vrouw. Bovendien moet ik pissen. Pardon.'

En daar gaat hij! Hij is snel, Henk, als het moet. En lichtvoetig: een atleet van jewelste. Hij is al in de gang, bij het toilet, maar daar ziet hij de trap en boven is er ook een toilet en dat lijkt plotseling een stuk veiliger en dus neemt hij de trap, nog steeds lichtvoetig, met twee treden tegelijk, daar is de overloop al, en daar het toilet, hier, zo. Hij draait de deur op slot. Hij is veilig. Hij is dronken, dat ook, een tikje duizelig zelfs, en dus gaat hij op de potdeksel zitten. Mogelijk dankzij die houding dringt tot hem door dat hij inderdaad moet plassen en dus staat hij weer op, doet de potdeksel omhoog, stroopt zijn broek af en gaat zitten. Hij heeft zijn urine te lang opgehouden, zodat zijn blaas verkrampt is geraakt en de straal wordt afgeknepen tot een nogal miezerig straaltje dat hem sinds enkele jaren een doorgaans vluchtige gedachte aan het vernauwen van de prostaat brengt, maar hij plast, en de straal wordt allengs krachtiger, en dat is goed nieuws. Nu hij eenmaal zit, merkt hij hoe moe hij is. Hij legt het hoofd in zijn handen en sluit zijn ogen. Dat is plezierig. Beetje bij beetje vloeit de spanning weg die zich tijdens het gesprek met de keramiste heeft opgebouwd en hij herinnert zich meteen weer de ontspanning die hem in de bus ten deel viel, die koele, kalme en enkelvoudige rust die de wereld zo deed schitteren, en die hem uiteindelijk Mia bracht. Waar zou ze zijn? Is het concert al afgelopen? Was het mooi? Zou ze aan hem hebben gedacht? Ruikt ze nog steeds zo lekker? Heeft ze al iets gegeten? Zo ja, wat? Ziet ze hoe mooi het avondlicht is? Hij pakt zijn telefoon en kijkt erop in de magische hoop dat ze hem een bericht heeft gestuurd. *Straks nog even wat drinken samen?* Ja, graag, en daarna naar huis, naar bed, met jou, zodat ik je kan penetreren.

Ah, Henk. Terwijl hij zijn handen wast kijkt hij zichzelf aan. Dat ben ik, denkt hij. Kennelijk.

Als hij weer op de overloop staat, dringen de geluiden van de barbecue tot hem door. Via een geopend tuimelraam kijkt hij uit op de tuin. Hij ziet Freek, nog steeds in zijn schort, staand, in gesprek, en intussen etend van een plastic bordje, juist verzeild in een beweging waaraan dit soort gelegenheden onmiddellijk te herkennen zijn, zelfs als je de rest wegdenkt: het razendsnel vooroverbuigen om het stukje vlees in de mond te vangen dat op het punt staat van de vork te vallen omdat het plastic bordje meegaf toen het op zijn vork werd geprikt en dus maar half vastzit en halverwege de beweging naar de mond dreigt te vallen, mogelijk in het gras. Gelukt. Freek komt weer overeind, kauwt, knikt, en veegt met de achterkant van zijn hand zijn lippen schoon – de daarop achtergebleven saus de prijs van de haastige improvisatie waarmee hij het vlees tot zich moest nemen. Hij lijkt, ziet Henk, niet voor het eerst, op Jan. Lang, slank, losjes. Jan stierf in een kraakpand, uitgeteerd en uitgehold, ziek, hopeloos, alleen, kapot. Zijn dood was voor vrijwel iedereen een opluchting omdat ze een einde betekende aan decennia van leed, van diepe ellende, voor Jan zelf, maar ook voor iedereen die met hem in aanraking kwam. De psychoses, de drugs, het stelen en liegen, het geweld, de gestage achteruitgang van zijn gezondheid, de zelfmoordpogingen, de bijna-overdoses, nou ja, er is geen reden om zo'n leven nog eens uitgebreid te beschrijven want dat is al vaak genoeg gedaan. Het punt is: de algehele opluchting laat zich goed voorstellen. En het volgende punt is: wat Henk en Freek in de maanden die volgden bij elkaar bracht was dat ze geen opluchting voelden. Ze voelden zich juist verstikt door de collectieve zucht van verlichting, de sfeer van kalmte en aanvaarding in de dagen en weken nadat Jan was gestorven – de afwezigheid van ook maar een enkele schrille noot, van protest, woede, van een aanklacht tegen de onwaarschijnlijke wreedheid van een dergelijk lot. Zij waren verdrietig: ze hadden hun grote broer verloren.

Freek, ziet hij, slalomt nu door het gezelschap, terug naar de barbecue. Hij legt een hand op een schouder hier, maakt een kwinkslag daar, als een politicus die door een bewonderend publiek naar het spreekgestoelte loopt om een potje te liegen. Vanaf het terras zet de keramiste de achtervolging in en omdat Henk juist aan een politicus moest denken, denkt hij nu aan *Taxi Driver*, aan Travis: de schedel geschoren, een pistool in zijn binnenzak, en met een starre glimlach op weg naar de politicus om diens leugens voor eens en voor altijd te vernietigen. Het tafereel in de tuin is dus opeens spannend. Freek dwaalt terug naar de barbecue, maar de keramiste volgt, net als Freek slalommend door het gezelschap, zij het op een robotachtige manier, gefixeerd op de man die wellicht haar minnaar is, of die toekijkt als zij en Julia, stop, niet aan denken. Een aanslag blijft uit. De keramiste wordt plotseling opgenomen in een kleine kring halverwege de tuin, als een spermatozoïde in een eicel, en begint van het ene moment op het andere druk te praten, geanimeerd, alsof er inderdaad leven is ontstaan. Een paar meter verderop heeft Freek al een nieuwe lading vlees op de barbecue gelegd, onwetend van zijn ontsnapping, in beslag genomen door wat er op het rooster gaande is.

Hun grote broer. Als Jan in hun gesprekken ter sprake kwam, was dat nooit de Jan die ze hadden zien afglijden, maar de grote broer die hij ooit was, dertien, veertien jaar oud, bij de Poel bijvoorbeeld, waar hij het waagde om met een oude deur als vlot het water op te gaan terwijl Henk en Freek vanaf de kant toekeken, bang, nerveus, maar ook trots. Hij viel in het ijskoude water maar kwam weer boven en klom terug op de deur en grijnsde breed naar de twee nerveuze jongens op de drassige oever. Toen Jan stierf waren hun ouders al jaren dood. Zijn vrienden waren lang geleden van hem vervreemd. Er was niemand meer die zich hem met trots herinnerde, alleen Henk en Freek, zijn broertjes. Dus misschien was dat het, die trots, dat nog altijd op te roepen gevoel van een *grote broer* dat ze allergisch maakte voor opluchting, dat verdriet mogelijk maakte, en dat ze bij elkaar bracht. En Henk, nog steeds bij dat tuimelraam, uitkijkend op de tuin maar in gedachten verzonken, zonder nog veel te registreren, voelt opnieuw wat hij eerder vandaag al voelde, vanochtend, na het telefoongesprek met

Freek: de wens dat ze elkaar nader konden zijn; het verlangen om meer van zijn broer te houden dan hij doet; de behoefte om de tijd terug te draaien tot het moment dat ze uit elkaar begonnen te drijven en op dat punt in te grijpen, een andere keuze te maken, een betere keuze, zodat hij hier niet zou hoeven staan, met deze gedachten.

***

Hij is in de kamer van Rosa beland. Het is niet helemaal duidelijk hoe en waarom. Is hij nog beneden geweest? Heeft hij meer wijn gehaald? Ja, kennelijk: hij heeft een vol glas wijn in zijn hand en bij zijn voeten staat een vrijwel volle fles. Maar waarom is hij weer naar boven gegaan en waarom heeft hij de deur van Rosa's kamer geopend en waarom zit hij op haar bed? Henk weet het niet en het interesseert hem ook niet. Hij zit op Rosa's bed en drinkt wijn. Punt. Die wijn is overigens de Médoc die hij voor Freek had meegenomen, die hij, oh ja, dat is waar ook, op het aanrecht aantrof, heeft geopend en meegenomen naar boven. Goed, mooi, dat weten we dan ook weer. Het is een prima wijntje, goddank, want het is deprimerend om dure wijn te kopen en die niet met smaak op te kunnen drinken. Hij snuffelt aan het glas. Beetje kersen, vleugje rozen. Freek zegt dat soort dingen zonder blikken of blozen, benijdenswaardig eigenlijk, dat gebrek aan gêne, de vrijheid die dat geeft, de ruimte. Je ziet het in zijn bewegingen, dat losse van hem, dat nonchalante.

God, hij is moe. Hij neemt een slok. Lekker. Beetje kut en beetje tiet. Het is, denkt hij, een goed moment om nog eens de vraag te stellen of er tussen Freek, Julia en de keramiste een seksuele verstandhouding bestaat. Laten we het duidelijker formuleren: neuken ze met elkaar? Laten we het nog duidelijker formuleren: besluipt Freek haar op dat Franse erf, zijn lid al geheven, en grijpt hij haar bij die zachtjes schuddende –

Nee. Ander onderwerp. Meer wijn. Het boek dat hij Rosa heeft gegeven ligt, ziet hij, op haar bureau. Dat bureau is een bende. Rosa's kamer is sowieso een bende. Wat zegt dat over haar? Lydia's bureau en werkkamer waren altijd een onwaarschijnlijke bende. Zo nu en dan ondernam ze een poging om op te ruimen. Dat lukte niet. Ze raakte steevast verstrikt in het bedenken van een systeem, een vlekkeloze orde van archiefdozen, mappen en planken, waar ze al haar boeken en papieren (en zakdoekjes en pakjes kauwgum en flosdraad en paracetamol en maandverband...) kwijt zou kunnen. Zover kwam het nooit. Zulke systemen bestaan niet. De wereld heeft de irritante gewoonte om altijd losse eindjes te laten, rafelrandjes, een laatste stapeltje met niet te categoriseren spullen, die dan in arren moede maar onder *diversen* wordt opgeborgen. Diversen: dat begrip vertelt veel over onze werkelijkheid. Losse eindjes zijn, neemt Henk aan, een gevolg van de tweede hoofdwet, van de almaar toenemende entropie, volstrekt normaal dus, noodzakelijk zelfs, maar intussen kon je er lelijk mee zitten. Lydia zat er gelukkig nooit lang mee. Ze ging weer aan het werk en de bende nam gestaag weer toe. Wat de bende in Rosa's kamer betreft, enfin, ze is zeventien.

Zo dwalen Henks gedachten rond, zonder veel lijn en samenhang, niet erg interessant, een gevolg van de aanzienlijke hoeveelheid alcohol in zijn bloed. Inmiddels is zijn oog al gevallen op een voorwerp op een plankje boven Rosa's bureau, een belangrijk voorwerp, maar dat is nog niet helemaal tot hem doorgedrongen. Het voorwerp heeft een fraaie gestileerde vorm. Het is gemaakt van hout en touw.

Omdat het een beetje zonlicht vangt, lijkt het op het punt van bewegen te staan.

Het houten paardje! Henk zet zijn glas weg en komt overeind en pakt het paardje van de plank en bekijkt het en moet zichzelf bedwingen het te knuffelen, zo blij is hij, zo gelukkig en ontroerd dat dit verloren gewaande voorwerp er opeens nog blijkt te zijn, bij Rosa nog wel, zijn schitterende nichtje, en oh, kijk, daar gebeurt het toch: hij knuffelt het paardje. Hij drukt het tegen zijn machtige borst en knijpt zijn ogen dicht en *knuffelt* het inderdaad aandoenlijke houten dier.

Henks vreugde is enorm en dat komt niet alleen door de drank. Het dier is niet achteloos weggegooid, maar bewaard, door Rosa nog wel. Hij twijfelt er geen seconde aan dat zijn nichtje het houten dier zo nu en dan met grote aandacht bekijkt. Dat zal haar helpen. Door goed te kijken zal ze het verhaal van eigen makelij waarin ze zich beweegt vastknopen aan de echte wereld en zo voorkomen dat het op drift raakt, dat het zomaar wat dobbert, en ten slotte een waan wordt. Goed kijken werkt als een *reality check*. Maar het is meer dan dat, wat Henk betreft. Het is ook een kwestie van integriteit, van intellectuele eerlijkheid. De waarheid telt en de inspanning om de waarheid te achterhalen heeft voor hem iets nobels. Het is dus een nobele zaak om zo nu en dan goed te kijken, voorbij elk verhaal, om te zien wat er werkelijk te zien is. Om vast te stellen, bijvoorbeeld, dat het paardje van een licht soort hout is gemaakt, misschien peer; dat het hout in de flank is gebutst en dat die schade, als je goed oplet, een weliswaar vage maar reële emotie van medelijden oproept; dat de manen als toefjes van uitgeplozen touw in de hals zijn gezet, in kleine boorgaatjes, waarvan er twee geen touw meer bevatten; dat het staartje is gevlochten maar aan het uiteinde is losgeraakt, en net zo pluizig als die manen.

'Wat doe jij nou?'

Rosa staat in de open deur. De uitdrukking op haar gezicht is er een van geamuseerdheid. Ze is kennelijk niet geschrokken of verbaasd of geïrriteerd dat Henk haar privésfeer heeft geschonden. Ze vindt het tafereel vermakelijk en dat is het natuurlijk ook. Daarbij komt dat ze aangeschoten is. Ze heeft – heimelijk natuurlijk, uit het zicht van haar vader – een paar glazen wijn gedronken en voelt de verrukkelijke roes van de alcohol, het gemak, de lichtheid, de eenvoud, en ziet ook daarom niets anders dan het vermakelijke tafereel van haar favoriete oom die teder een houten paardje tegen de borst drukt.

'Oompje, weet je dat je er heel gelukkig uitziet?'

Henk heeft ook gedronken. Hij is niet geschrokken van Rosa's binnenkomst en voelt geen enkele verlegenheid. Hij glimlacht, knikt en zegt: 'Dat ben ik ook. Kijk. Het houten paardje. Het is van mijn ouders geweest en ik dacht dat het weg was, verloren, en nu is het er opeens weer. Is dat niet geweldig?'

'Wist je niet dat ik het had?'

'Ik had geen idee.'

'Pappa had het op zijn kantoor staan, vroeger, en toen speelde ik er vaak mee. Toen ik twaalf werd of zo kreeg ik het van hem. Lief hè?'

'Heel lief. Wist je dat het van mijn ouders komt?'

'Opa en oma. Ja. Blijf je daar zo staan?'

Henk gaat zitten maar houdt het paardje bij zich, niet meer tegen de brede borst, maar op schoot. Rosa komt naast hem zitten. Ze wrijft over haar neus en giechelt.

'Ik ben een beetje dronken.'

'Ik ook.'

'Ja, dat dacht ik al. Hoeveel heb je gedronken?'

'Dat is de verkeerde vraag. De goede vraag is hoeveel ik nog ga drinken.'

Hij buigt zich voorover naar de fles en houdt deze omhoog.

'Dat is nog best veel. Ga je dat allemaal opdrinken?'

'Geen idee. Maar ik vind het geruststellend. Zo'n bijna volle fles. Dat je nog veel hebt. En dat er nog heel veel eten is, beneden, al dat vlees van je vader. Dat vind ik ook geruststellend. Overvloed. Het betekent dat we heel ver verwijderd zijn van honger en dorst en een ellendig einde.'

'Jeetje, je bent echt dronken. Weet je, oompje, ik kwam eigenlijk naar boven om even te liggen. Zullen we even gaan liggen?'

'Mag dat wel van je vriendje?'

'Hoezo? Ben je van plan me te zoenen?'

'Nee, natuurlijk niet.'

'Nou dan.'

'Oké, dan gaan we even liggen.'

Henk zet het paardje op Rosa's bureau en gaat liggen. Rosa komt naast hem liggen. Het past maar net. Rosa heeft een eenpersoonsbed en in normale omstandigheden zou het ongemakkelijk zijn om zo dicht naast elkaar te liggen, maar dankzij de drank is dat helemaal geen punt. Ze vinden het allebei juist heel knus.

'Rosa?'

'Ja?'

'Ik ben verliefd.'

'Echt waar? Wat goed! Op wie? Toch niet op Gloria?'

Ah, dat was het, Gloria, de keramiste. Hij ziet de naam voor zich, in sierlijk meisjesschrift, bezet met lovertjes.

'Jezus, nee, waar zie je me voor aan?'

'Ze heeft lekkere billen...'

Ze giechelen.

'Rosa, denk je dat je vader...'

'Wat?'

'Wel, dat je vader... En je moeder misschien ook... Met Gloria bedoel ik... Hoe zal ik het zeggen?'

'Wat!'

'Dat ze een seksuele verstandhouding hebben?'

'Nee! Jezus! Henk!'

'Sorry, het spijt me, maar ik dacht het opeens en... Sorry. Vergeet het maar.'

'Waarom heb je dat nou gezegd? Nu moet ik eraan denken!'

Rosa houdt haar handen voor haar gezicht, als om te schuilen voor het verschrikkelijke tafereel. Ook voor zichzelf heeft Henk een onvermijdelijk beeld opgeroepen en opnieuw spelen de poederwitte billen van de keramiste een belangrijke rol. Het is inderdaad verschrikkelijk. Dat zachte schudden van ze. Hij ziet nu ook, ontsteld, dat de slippen van de ceintuur van haar werkschort in een strik zijn vastgebonden, in grote lussen, en dat die lussen de billen lijken te imiteren, als een parodie. Hij schiet in de lach. Rosa slaat hem op zijn borst.

'Nee! Nee!'

Maar ze lacht mee, onvermijdelijk, en zonder veel controle. Het duurt even voordat ze kalmeren, maar in die tijd gebeurt er iets wat zich nauwelijks laat beschrijven, wat onnoembaar vaag is, maar wat ervoor zorgt dat Henk en Rosa elkaar nader komen. Eenmaal gekalmeerd zegt Henk: 'Ze heet Mia.'

Rosa verlegt haar hoofd een stukje zodat ze hem kan aankijken. Ze heeft rode vlekken in haar gezicht.

'Mia. Dat is een leuke naam. Vertel mij alles over Mia.'

'Dat is niet zo veel. Ik ken Mia van de bus. Nee, dat is niet waar, ik heb haar vanochtend ontmoet, toen ik Schurk uitliet, ze woont op een boot, maar vanmiddag kwam ik haar weer tegen in de bus, toen ik hier kwam.'

'Dat is alles? En nu ben je al verliefd?'

'Ja. Ze is heel lief.'

'Dat is belangrijk. Dat ze lief is. Dat is wat jij nodig hebt, een lieve vrouw.'

'Denk je?'

'Ja. Een vrouw die simpelweg van je houdt, van jou, van Henk.' Ze prikt twee keer met een vinger in zijn borst. 'Jou. Henk.' Dan: 'Hoe ziet ze eruit?'

'Mijn leeftijd, lang grijs haar, slank. Niet zo groot. Ze heeft heel mooie ogen. Groen, geloof ik. Ze lijkt een beetje op Patti Smith. Ken je die?'

'Nee.'

'Dat is een zangeres. Ze is heel goed. En mooi. Mia ziet eruit zoals zij, maar dan zachter, fijner.'

'Klinkt goed...'

'Zeg...'

'Wat?'

'Nou ik moet er de hele tijd aan denken dat ik haar graag zou willen...'

'Wat!'

'Ik durf het niet zo goed te zeggen...'

'Zeg het nou maar gewoon, dat is altijd het beste.'

'Ja. Wel, dat ik haar graag zou penetreren.'

'Ja, natuurlijk, je bent immers verliefd.'

'Oh, dus dat vind je niet gek?'

'Nee.'

'Of bot?'

'Nee.'

'Slecht?'

'Nee.'

'Pijnlijk?'

'Nee.'

'Seksistisch?'

'Welnee.'

'Nee?'

'Nee. Is het voor het eerst? Dat je verliefd bent? Na Lydia?'

'Ja, ik geloof het wel. Ben jij ook zo moe? Ik ben heel erg moe.'

'Ik ook. Daarom wilde ik even gaan liggen. Heb je met haar afgesproken?'

'Nee.'

'Waarom niet? Heb je haar telefoonnummer?'

'Nee.'

'Instagram? Facebook? Twitter?'

'Nee, nee, nee.'

'In wat voor wereld leef jij? Weet je waar ze woont?'

'Ja.'

'Aha. Dus je kunt haar opzoeken. Wanneer ga je dat doen?'

'Dat weet ik niet.'

'Vandaag natuurlijk. Straks. Nu.'

'Nu ben ik hier. Maar straks misschien, ja... Hoe laat is het eigenlijk?'

'Ergens tussen zeven en negen...'

'Ik doe heel even mijn ogen dicht...'

'Ik heb ze al dicht...'

***

Ze zijn in slaap gevallen, oom Henk en nichtje Rosa, een lichte slaap, misschien meer een roes dan een slaap, maar hoe dan ook liggen ze daar. Het is een aandoenlijk tafereel, die twee, die grote man en dat tengere meisje op het eenpersoonsbed, zo intiem, zo ontspannen. De avondzon is zo goed om er wat rozig licht over te laten vallen. Het houten paardje op het bureau ziet het en het laat zich gemakkelijk voorstellen dat het nu zelf kijkt, goed kijkt, en de nobele inspanning doet om te zien wat er werkelijk te zien is. Het ziet ongetwijfeld de intimiteit van het tafereel en zal misschien begrijpen dat oom en nichtje elkaar de afgelopen minuten nader zijn komen te staan, op een heel plezierige manier. Ze hebben dat zelf nog niet in de gaten. Het is een besef dat pas in de komende dagen en weken zal ontstaan en uiteindelijk zal leiden tot een vriendschap die stand zal houden, een leven lang, tot de dag dat Henk sterft. Ja, zo zal het gaan. En Rosa zal bij hem zijn als hij sterft, stokoud, op zijn 93ste nota bene, aan het einde van de winter. Ze zal het zweet van zijn gezicht deppen, ze zal hem via een rietje te drinken geven, ze zal zachtjes zijn kale schedel krabbelen. Ze zal zien dat hij pijn heeft en eigenhandig de dosis morfine verhogen, precies zoals hij haar heeft opgedragen. Ze zal zien dat hij niet bang is om dood te gaan en dat hij niet bang is om dood te zijn en dat zal haar eigen doodsangst kalmeren. Een paar dagen na zijn dood zal ze bij het graf staan. Ze zal een gedicht voorlezen van Fernando Pessoa, omdat ze weet dat hij veel van dit gedicht hield.

Wanneer de lente komt en als ik dan al dood ben
zullen de bloemen net zo bloeien en de bomen...

Het zal regenen, zo'n bui waarin opeens de lente voelbaar is, fris en nat, en ze zal zich volledig aan die regen overgeven terwijl de regels van Pessoa nog een tijdje in haar rondgaan en Henks kist in het graf zakt en uit het zicht verdwijnt. Ook Rosa zal oud worden. Ze zal zijn stem nog vaak horen. Ze zal soms in de lach schieten als ze aan hem denkt. Ze zal een enkele keer opnieuw huilen. Ze zal leren dat de tijd niet alle wonden heelt, dat sommige vormen van verdriet blijven bestaan, zij het in steeds andere gedaanten.

Het paardje ziet ook hoe mooi Rosa is, niet alleen dankzij haar jeugd, maar omdat ze werkelijk erg mooi is, heel licht en gaaf en regelmatig, heel fijntjes, maar zonder dat haar trekken kinderachtig worden. Overigens is ook Henk een tamelijk knappe man, of was, nee, is, maar je moet een beetje moeite doen om dat te zien. Henks schoonheid schuilt vooral in zijn ogen en wenkbrauwen, die buitengewoon sprekend zijn, waar zijn gemoed overheen waait als wind over water. Henk laat zich altijd zien, of hij dat nou wil of niet, of hij dat nou beseft of niet, en Mia had dat die ochtend snel in de gaten. Ze gaf de planten water toen ze hem voorbij hoorde komen, puffend, met zware stappen. Ze keek niet op. Dat deed ze wel toen ze even later het getrippel van hondenpoten hoorde en zag hoe Schurk in de berm ging liggen, kennelijk uitgeput. Ze hoorde Henk roepen. Even later zag ze hoe hij terug kwam lopen, en hoe groot hij was, en hoe bezorgd. Zijn gezicht liet zich lezen als een kinderboek. Wat een lieve man, dacht ze. Henk knielde neer bij de hond en aaide het dier.

'Jochie toch...'

'Hij zal wel dorst hebben...'

Hij schrok en draaide zich om en daar was dat leesbare gezicht opnieuw. Ze las verwarring. Ze haalde een bak water en zette die bij de hond neer. De man die naast haar hurkte rook naar zweet, maar dat stoorde haar niet. Het was een voordeel van haar jaren, hoofd- en bijzaken werden steeds sneller gescheiden, en de hoofdzaak was niet die geur van zweet maar de grote, lieve man die zo bezorgd was om zijn hond. Ze keken toe hoe de hond het water naar binnen lebberde.

'Dat was kennelijk nodig, dank je wel.'

'Het is ook echt verschrikkelijk warm...'

'Ze zeggen dat het de warmste juli is sinds 1897.'

'Ja, het klimaat en zo.'

Hij stond op. Met die beweging spoelde iets van zijn mannenwarmte over haar heen. Ze stelde zich voor dat hij op haar neerkeek, op haar kruin, en voelde het lichte ongemak van haar grijze haren die ze weigerde te verven omdat ze geen jeugdigheid wilde veinzen, omdat jeugdigheid een idioot criterium was, een recept om jezelf ongelukkig te maken omdat we elke dag ouder worden dus laten we niet zo *maf* doen, om goede redenen dus, maar desondanks voelde ze dat ongemak. Dat zat haar dwars, zo'n oud instinct, het behaagzieke meisje dat ze diep vanbinnen nog bleek te zijn, maar tijd om daar verder over na te denken kreeg ze niet want het volgende moment hoorde ze gesuis en gezoem, hoorde ze gevloek, en toen ze overeind kwam stond die grote man met een woedende uitdrukking op het expressieve gezicht op de weg, de middelvinger geheven.

Toen ze hem een paar uur later weer zag, in de bus, herhaalde de situatie zich: zij observeerde hem voordat hij haar in de gaten kreeg. Hij kwam op het laatste moment de bus in, groot, gehaast, verrassend elegant in een linnen broek en een hemelsblauw overhemd, en plofte neer in een stoel, een paar rijen voor haar, aan de andere kant van het gangpad.

Toen ze langs het kanaal reden draaide hij zijn hoofd om, niet naar haar, maar om naar een paar jongens te kijken die plezier hadden in een roeiboot. Dat open gezicht van hem, die ogen en wenkbrauwen, dat kinderboek. Hij genoot van wat hij zag. Hij had plezier in het tafereel. Hij zag iets, zag ze, wat op een wezenlijke manier goed was.

Toen hij terugdraaide en haar blik ving herkende hij haar niet meteen. Ze liet hem zoeken, maar het duurde te lang, het werd pijnlijk, hij leed eronder, dat wilde ze niet, en dus hielp ze hem.

'Hoe is het met je hond?'

Nu herkende hij haar. Hij glimlachte. Vervolgens ging er een schaduw over zijn ogen.

'Goed. Nou ja, niet zo goed eigenlijk. We zijn bij –'

We weten hoe het gesprek verder ging. Maar wat gebeurt er eigenlijk tijdens zo'n gesprek tussen vreemdelingen? Het is – vooropgesteld dat de partijen van goede wil zijn – een poging tot synchronisatie. Er moeten twee levens bij elkaar worden gebracht, twee verhalen, zodat er een relatie kan ontstaan, al was het maar voor de paar minuten dat ze samen in een bus zitten. De verbale uitwisseling van informatie lijkt niet het belangrijkste element van het gesprek, al levert ze informatie op: dat de hond ernstig ziek is, dat zij van muziek houdt, dat hij iets heeft met tractortentoonstellingen. Op de achtergrond gebeuren intussen heel andere dingen en die lijken wezenlijker. Er wordt gekeken, geroken, gevoeld, geraden, gefantaseerd, beoordeeld. Er wordt een verhaal in elkaar gezet, een schets nog maar, een paar zinnen hier, een halve alinea daar, maar elk woord al met een emotionele lading. Dit gaat Mia beter af dan Henk. Dat komt misschien omdat ze op haar intuïtie vertrouwt en aldus de zaak vereenvoudigt. Wat een lieve man, dacht ze. En: wat een grote man. En: wat een grappige man. Toen ze Loenen inreden en stopten bij haar halte, stond ze op, schoof langs hem en draaide zich nog even om. Vervolgens legde ze een hand op zijn borst. Ze was dat niet van plan, ze deed het gewoon. Wat ze vervolgens zei, was ook niet bedacht, maar kwam vanzelf.

'Dag, lieve Henk. Geef je een knuffel aan Schurk?'

In de kerk speelden ze een van haar favoriete stukken, iets van Beethoven. Beethovens muziek heeft een architectonische kwaliteit die haar erg aanspreekt. Ze kan de muziek voor zich zien als een weliswaar complexe maar toch heldere ruimte, een gebouw zoals Piranesi dat had kunnen tekenen. Ze is in staat om die ruimte binnen te gaan, erin rond te dwalen, en op die manier van de muziek te genieten. Ze heeft dat van jongs af aan gedaan, vooral bij Beethoven, maar ook wel met andere componisten. Het is een heel specifieke manier om van muziek te genieten en toen ze opgroeide ontdekte ze dat het vrijwel onmogelijk was om anderen uit te leggen wat ze precies onderging. Ze ontdekte ook hoe pijnlijk het is om een heel persoonlijke ervaring te beschrijven en opeens te merken dat er niets van wordt begrepen, zodat het gesprek in volle vaart tegen een muur rijdt. Van lieverlee is ze daarom opgehouden andere mensen over haar ervaringen te vertellen, zelfs de mensen die op enig moment in haar leven onmisbaar leken, twee echtgenoten bijvoorbeeld, en een paar goede vrienden en vriendinnen, en haar drie kinderen, nota bene ook de jongste, een begaafde jongen van even in de twintig die naar het conservatorium gaat. En daarom is het heel bijzonder dat ze na afloop van het concert, terwijl ze iets eet in een café aan de Rijksweg, aan Henk denkt, en er van het ene op het andere moment van overtuigd is dat hij haar onmiddellijk zou begrijpen.

Ze worden min of meer tegelijkertijd wakker. Henk hoort een gil, hard, zo'n gil die door de dingen heen lijkt te snijden.

'Wat was dat?'

Het is de derde keer dat Henk die dag wakker wordt en het bewustzijn wordt hem telkens onbarmhartiger in het gezicht gegooid, dit keer *flats*, als een pannenkoek. Hij zit vrijwel meteen recht overeind en vraagt opnieuw, nu met meer nadruk: 'Wat wás dat?'

Rosa komt ook overeind, langzamer, met tegenzin.

'Wat was wat?'

'Die gil.'

'Welke gil?'

'Die gil. Beneden.'

'Ik hoorde niets.'

'Jawel. Een gil, heel hard, beneden.'

'Misschien is er een moord gepleegd.'

'Nee, serieus. Een gil.'

Het dutje heeft Henk geen goed gedaan. Hij heeft pijn in zijn buik, zijn hoofd is zwaar, op zijn tong ligt een smaak van bederf. Hij reikt over Rosa heen naar de fles wijn, schenkt in en neemt een paar slokken.

'Wil jij ook?'

'Nee, bah...'

Van beneden klinken de geluiden van het gezelschap, luider dan voorheen, opgestookt door muziek, *Doe Maar* nota bene, dus ook daar wordt goed doorgedronken.

'Ze zijn dronken.'

'Wist je dat dronken volwassenen heel erg pijnlijk zijn?'

'Ja. Ben ik pijnlijk?'

'Nee, maar jij bent ook niet echt volwassen.'

'Nee?'

'Nee. Jij doet altijd je best.'

'Maar wat heeft dat er nou...'

De gil klinkt opnieuw, maar minder luid dan de eerste keer, meer een uitgeschoten schaterlach dan een gil. Ja, ze zijn dronken, en het is de hoogste tijd om het feest te verlaten. Henk kijkt op zijn telefoon en ziet dat het nog maar tien voor half negen is. Dat beurt hem op want goed beschouwd ligt er nog een hele avond open en wie weet wat er allemaal nog kan gebeuren. Mia! Hij staat op. Hij gaat naar de badkamer en plast. Hij wast zijn handen, zijn gezicht, en schikt zijn kleren. Hij vindt een nieuwe tandenborstel, peutert hem uit de verpakking en poetst langdurig zijn tanden. Vervolgens weet hij zich geen raad met de tandenborstel, want terugleggen kan vervelende misverstanden geven (een slaapdronken Freek gebruikt de tandenborstel, merkt dat het niet de zijne is, kijkt, nee, dat is niet de zijne, maar van wie dan wel, gatverdamme, wat een vies idee, en vervolgens blijft hij de hele dag rondlopen met een zeurderig gevoel van onbehagen waarvan de bron natuurlijk snel vergeten wordt zodat de ontlading naar willekeur slachtoffers maakt, een secretaresse bijvoorbeeld, of zo'n stakker in een beige uniform met bedrijfslogo) en dus stopt hij hem in zijn broekzak.

'Rosa, lieverd, ik ga ervandoor. Zou je zo goed willen zijn...'

Maar ze slaapt alweer. Henk kijkt naar zijn nichtje, naar

haar jeugd, in stomme bewondering, en is van het ene op het andere moment diep ontroerd. Hij beseft dat zijn ontroering meerdere bronnen heeft, haar jeugd en schoonheid, haar reactie op zijn cadeau, hun gezamenlijke dutje, de alcohol in zijn bloed niet te vergeten, en zelfs de ziekte van Schurk die al de hele dag als een sleepnet over de bodem van zijn ziel gaat en al die dingen naar boven haalt die doorgaans op afstand blijven, liefde, of geen liefde, ouder worden, en dan de dood, maar hij heeft niet in de gaten dat er nog andere bronnen stromen, dieper in het massief van zijn lichaam en leven. Een van die bronnen is de geheimzinnige kennis dat Rosa ooit aan zijn sterfbed zal zitten en zijn gezicht zal deppen en op het kerkhof de regen over haar gezicht zal laten stromen terwijl ze aan de regels van Pessoa denkt. Ergens weet hij dat al, niet omdat hij in de toekomst kan kijken, en niet omdat er een noodzakelijk lot is dat hij op een of andere manier voorvoelt, maar omdat die gebeurtenis besloten ligt in de afgelopen uren, ongeveer zoals een roman al besloten ligt in de eerste zin. Er is, inderdaad, een vriendschap ontstaan, en daarmee is alles mogelijk geworden wat door vriendschap mogelijk wordt gemaakt, gesprekken, wandelingen, etentjes, uitjes, gezamenlijke vakanties, een zoon die naar Henk wordt vernoemd, maar ook en misschien wel vooral de kalmerende aanwezigheid van Rosa aan zijn sterfbed.

Henk geeft zijn nichtje een kus op haar voorhoofd. Dan neemt hij het houten paardje van het bureau en zet het in de vensterbank, zodat het goed naar de jonge vrouw kan kijken. Vervolgens gaat hij de trap af, zekerheidshalve zachtjes, hoewel de kans dat het luidruchtige gezelschap in de tuin hem zal betrappen miniem is. Al bij de voordeur zwelt het gejoel opeens aan. Henk kan het niet laten terug te kijken wat er gaande is en dat had hij natuurlijk niet moeten doen. Mijn God, de stank die tevoorschijn komt als de putdeksels door de alcohol worden gelicht! Het tafereel laat zich min of meer raden, dus een beschrijving is niet nodig. Het veroorzaakt bij Henk een krachtig gevoel van afkeer en schaamte. Die schaamte is plaatsvervangend: hij voelt de schaamte die een ander zou moeten voelen, maar niet voelt door drank of een gebrek aan beschaving of beide. Het is dus een impotente reactie, een tandeloos moreel verwijt, maar ze geeft Henk een welkome schouderduw: hij draait zich zonder verder aarzelen om en loopt naar de voordeur, de Voorstraat in, over de brug, naar de bushalte, weg van hier.

***

Hij zit in de bus. Ze rijden Loenen binnen. Hij gaat rechtop zitten en strekt zijn nek en kijkt, maar nee, ze is er niet, de halte is leeg, dus ze rijden verder. Maar dan grijpt een hogere instantie in en trapt de chauffeur op de rem en stoppen ze toch, de deur gaat open, en daar is ze wel degelijk. Henk staat half op van zijn stoel en zwaait.

'Mia! Hier ben ik.'

Ze toont geen verbazing maar verbaasd moet ze zijn. De bus heeft ze maar net gehaald, nadat ze de tijd uit het oog was verloren, misschien een gevolg van het tweede glas wijn dat ze zichzelf gunde. Toen ze ontdekte dat de bus elk moment kon komen was ze in een hippieachtige chaos van activiteit opgestaan (tas pakken, portemonnee eruit halen, geld op tafel leggen, portemonnee weer terugdoen, waar zijn mijn sleutels eigenlijk, driftig naar OV-kaart zoeken door de tas te legen zodat de tafel zich vult met zakdoekjes, pen, pleister, programmaboekje, telefoon, dropjes, ansicht-

kaart, pillen, ov-kaart, ov-*kaart!*) en het café uitgerend en
al meteen zag ze dat de bus eraan kwam, dat de bus al bijna
bij de halte was, dus ze rende, rende, en zwaaide met haar
vrije hand, en gelukkig, de bus stopte alsnog, op het nipper-
tje. Ze stapte in en daar was Henk en ze was inderdaad verbaasd omdat ze überhaupt niet had stilgestaan bij de mo-
gelijkheid dat hij in de bus zou zitten, maar die verbazing
toonde ze niet, ze kreeg geen kans, omdat haar aandacht onmiddellijk door Henk in beslag werd genomen.

Wat zag ze precies? Ze zag niet de lieve, gevoelige man
aan wie ze in het café had gedacht, maar een grote man, een
opgewonden man, een man die bewegingen maakte die zich
in hun uitbundigheid slecht verhielden tot de schaal van zowel bus als gelegenheid. Toch zwaaide ze terug en liep door
het gangpad naar hem toe en ging naast hem zitten. Ah,
rook ze, hij is aangeschoten.

'Je bent dronken...'

'Ja.'

'Ik ook. Een klein beetje maar.'

'Ik ben eerlijk gezegd behoorlijk dronken. Heel behoorlijk.'

'Waar ben je geweest?'

Terwijl Henk vertelt over de barbecue rijden ze door
een nog altijd zonnig Holland terug naar Weesp. Op het
Amsterdam-Rijnkanaal varen schepen zoals ze dat altijd
doen, van Amsterdam naar Utrecht of andersom, volgela-
den met spul, spul, spul, tot vervelens toe, kan dat niet een
keer afgelopen zijn, maar de avond is mooi, heel mooi zelfs,
en belooft nog mooier te worden: het licht is beetje bij beetje
voller geworden, zwaarder, en iets in dat licht suggereert al
een volgend seizoen, al is het maar omdat het tafereel van
donker water waar stilletjes een vergeeld blad op drijft zich

moeiteloos laat voorstellen. Henk en Mia letten intussen niet op wat er buiten de bus te zien is, want ze zijn druk in gesprek.

'Maar wat deed ze dan precies?'

'Dat wil je helemaal niet weten, ze danste... Nee, ik ga het niet vertellen.'

'Oh, wat gemeen, nu ben ik nieuwsgierig! Was ze naakt?'

'Ja. Nee. Niet helemaal. Maar nu zie ik het allemaal weer voor me, dat wil ik niet...'

'En Rosa sliep nog?'

'Ja. Als een engel. Dwars door alle herrie heen. Ik heb haar trouwens over jou verteld.'

Waarom zei hij dat nou? Opeens zit het gesprek in een kooi waarvan hij de sleutels aan Mia heeft gegeven. De vraag is of ze hem de sleutels terug zal geven. Dat doet ze niet. Ze vraagt: 'Over mij? Wat heb je over mij verteld?'

En zo is Henk opnieuw verzeild geraakt in een situatie die een snelle beslissing vereist terwijl die beslissing een groot aantal potentiële uitkomsten heeft, waarvan een aanzienlijk aantal hem de stuipen op het lijf jaagt, en dus denkt hij koortsachtig na. Nee, hij *probeert* koortsachtig na te denken maar dat lukt helemaal niet, daar is hij te dronken voor, en dus flapt hij de waarheid er maar gewoon uit: 'Dat ik verliefd op je ben.'

Van het ene op het andere moment accelereert de bus en kiest het luchtruim. Ze scheren met een flauwe bocht over weilanden met koeien en plassen vol zeilbootjes en dorpjes waar mensen op terrassen bier drinken en verbaasd omhoogkijken, terwijl ze langzaam aan hoogte winnen. Ze krijgen de Vechtstreek in zicht, Holland, de Noordzee en een deel van Europa, enzovoort, totdat de horizon zich kromt en ze met eigen ogen zien dat de aarde werkelijk rond is. Henk, intussen, alsof het normaal is, verricht het ene wonder na het ander: hij dekt een tafel met damast, haalt een fles champagne tevoorschijn, kristallen glazen, een schaal met aardbeien, slagroom –

Nee, onzin, de bus rijdt gewoon langs het Merwedekanaal, maar het is duidelijk dat Henk onverantwoord veel heeft gedronken, dat hij als gevolg daarvan goeddeels overgeleverd is aan basale impulsen en dat daarmee het verloop van de avond volledig openligt.

Dat ik verliefd op je ben. Het is niet alleen zijn dronkenschap die dit antwoord ingeeft, maar een algemene trek van Henk, een soort kinderlijke eerlijkheid. Rosa zag het goed toen ze hem 'niet echt volwassen' noemde maar formuleerde het een tikje mysterieus als 'jij doet altijd je best'. Het punt is dat Henk geen andere keuze heeft dan oprechtheid, geen andere sociale strategie, zeker als hij gedronken heeft en de gebruikelijke remmingen (beleefdheid en conventies, verlegenheid en bedachtzaamheid, de wens niet voor een krankzinnige te worden aangezien) zijn weggevallen. Hij flapt er de waarheid uit, hoe ongepast ook, en dat heeft inderdaad iets kinderlijks omdat er geen rekening wordt gehouden met het effect van de waarheid, dat vrijwel altijd hevig is, zoals ook in dit geval.

Mia is door Henks antwoord pardoes tot zwijgen gebracht. De bus rijdt Weesp binnen en stopt bij het station. Ze stappen uit. Zonder een woord te wisselen lopen ze een eindje samen op, naar de Vecht, over de kade, langs de statige huizen die daar staan, in de richting van de oude vesting. Halverwege de kade blijft Henk staan: hij moet rechtsaf, naar huis, naar Schurk.

Mia heeft inmiddels nagedacht over de vraag wat de woorden van Henk precies betekenen. Ze heeft geen idee.

Alles is mogelijk: van dronkenmanspraat tot een oprechte verklaring van liefde. Vooralsnog hebben ze alleen onthuld dat Henk een vreemdeling voor haar is. Ze kent hem niet, ze heeft geen idee wat hij bedoelt, en dus heeft zijn antwoord een abrupt einde gemaakt aan het vanzelfsprekende contact dat ze hadden. Maar nu ze hier zo staan, tegenover elkaar, zonder naar elkaar te kijken, dringt zich een andere gedachte aan haar op: dat ze er hevig naar verlangt deze grote, lieve, dronken vreemdeling te leren kennen.

Zo staan ze op de kade, zwijgend, Mia tenger en aan de kleine kant, Henk groot maar desondanks schooljongensachtig. Op Mia's gezicht is met haar laatste gedachte een glimlach verschenen, maar dat ontgaat Henk omdat hij zichzelf heeft neergelaten in een diepe put van zelfhaat. Hij mompelt zo'n beetje voor zich uit: 'Ik ga hier rechts. Schurk moet zijn medicijnen hebben.'

'Vind je het goed als ik met je mee ga? Ik wil Schurk graag even gedag zeggen.'

Oh, nu is hij in de war! Zijn ogen en wenkbrauwen weten niet wat ze ervan moeten vinden. Wat moeten ze tot uitdrukking brengen? Opluchting? Verrassing? Paniek? Schok? Dolle vreugde? Alles tegelijk zo te zien, want zijn gezicht toont een hele serie grimassen en dan opeens niets meer, alsof zijn hersenen een foutmelding hebben afgegeven, *data overflow*, zoals de eerste computers dat weleens deden, vlak voordat ze er de brui aan gaven. Zijn uitdrukking komt tot rust in een min of meer neutrale stand, nee, niet neutraal maar open: de komende minuten zal elke indruk met sneltreinvaart bij hem binnenkomen. Hij slikt iets weg. Hij raakt met zijn vinger het puntje van zijn neus aan. Hij kijkt vaagjes naar de avondlucht.

'Ja, natuurlijk... Het is deze kant op.'

Hij wijst, stompzinnig, en zet dan een aarzelende stap, alsof hij er niet van overtuigd is dat Mia hem zal volgen. Maar Mia volgt wel degelijk, nog altijd glimlachend, al ziet Henk dat nog steeds niet. Eenmaal in het nauwe straatje dat van de kade naar de Nieuwstraat voert, pakt ze zijn hand en als vanzelf komen ze in een plezierige cadans. Met die cadans gaat Henks gezicht nog verder open en dat past heel goed bij de jubel in zijn borst. *Hij had wel zacht willen zingen zo; hij had het gevoel van zo luchtig te dansen, even boven de grond. Alles, alles was zo gemakkelijk nu.*

Henk kent de slotscène van *Kees de jongen* uit het hoofd. Wat Thijssen beschrijft is de verliefdheid van een jongen, maar in die verliefdheid klinkt iets anders mee, iets wat Henk goed kent: een gewaarwording van niet te stelpen levenslust. Toen Mia Henk in de bus observeerde terwijl hij naar die jongens in hun boot keek, zag ze hoe intens hij van het tafereel genoot – van de vrolijke waaghalzerij, die hele schittering van zon en water en dansende roeiboot en blond haar. Ze ontdekte een morele component in zijn manier van kijken. *Hij zag iets, zag ze, wat op een wezenlijke manier goed was.* De levenslust van die jongens was voor Henk niet louter zin hebben in het leven, maar iets essentiëlers, een nieuwe gedaante van de aloude levensadem, vitaliteit, levensdrift, *amor fati, Lebensbejahung* – kijk, de begrippen buitelen opeens over elkaar heen, alsof ze zichzelf proberen te verbeelden.

Levenslust als moreel beginsel. Dat laat zich bij Henk goed voorstellen. Hij jaagt zijn leven heen en weer tussen de polen van *memento mori* en *carpe diem*, zodat de een de ander kan voeden en vice versa, symbiotisch, alsof ze samen een *Gestaltfiguur* vormen – een figuur waarvan de onderdelen elkaar zowel aan het licht brengen als in het duister houden. Henk is nog niet oud genoeg om dit motief in zichzelf te herkennen, maar hij voelt het wel aan. Het is een kwestie van tijd voordat hij het zal gaan zien en het niet meer louter intuïtief omarmt maar bewust, inderdaad als een morele daad. Wie weet zal hij zichzelf in de komende maanden verrassen in een gesprek met Mia en zichzelf opeens horen praten over levenslust of vitaliteit of *Lebensbejahung*. Mia zal luisteren, aandachtig, met de ogen iets toegeknepen. Ze weet inmiddels hoe Henk zich kan verliezen in monologen waarin opeens zaken tevoorschijn komen die ook voor hem nieuw lijken. Het kan ook zijn dat ze nauwelijks luistert omdat ze vooral op zijn gezicht let, op die ogen en wenkbrauwen, gefascineerd door het leven ervan. Ja, zo zal het wel gaan. Ze zal zien hoe zijn blik rondgaat in de ruimte waar ze zich bevinden (Henks keuken, een restaurant, het bos of strand waar ze wandelen), zonder houvast te vinden, omdat alle aandacht naar binnen is gericht, op de inzichten die hij met inspanning (de ogen en de wenkbrauwen bewegen, er staat zweet op zijn bovenlip, zijn hand gaat over de schedel) onder woorden probeert te brengen. En al pratende zal hij het gaan zien, zijn honger naar levenslust, dat koppige zoeken naar genot, plezier, vreugde, naar een goed leven.

'Want zie je, Mia, het is niet eten en drinken dat ons in leven houdt, maar levenslust, de morele overtuiging dat het de moeite waard is, dat er waarheid en schoonheid ligt in het leven zelf, altijd en overal, maar dat het aan ons is om dat op te zoeken, te delven, als gelukszoekers, in de beste betekenis van dat woord...'

Zo laat zich opeens ook voorstellen wat ouder worden voor Henk zal betekenen: hij zal steeds beter worden in het voeden van zijn levenslust. Hij zal steeds beter leren om het licht op te zoeken, dat wat hem plezier doet, en wat hem daarom als belangrijk en waardevol voorkomt: zijn werk (nog een jaar of tien); lezen natuurlijk (nog een paar duizend boeken); de nieuwe honden (nog twee); Mia, Rosa en zelfs Lydia, die terugkeert naar Nederland na een pijnlijke echtscheiding; de kinderen van Rosa die zullen opgroeien in Zweden waar hij ze geregeld zal bezoeken; het lichte huis in Noordwijk waar hij uiteindelijk zal gaan wonen en de zee die hij daar zal leren kennen: de vanzelfsprekende watervlakte waar hij zijn ogen nauwelijks van af kan houden; enfin, zo laten zich nog een paar dingen voorstellen. Het zal dus inderdaad niet zozeer eten en drinken zijn dat hem gaande houdt, maar levenslust, tot royaal na de gebruikelijke levensverwachting, tot een 93-jarige Henk, die kalm sterft na een heel behoorlijk leven.

Levenslust: willen leven. Uit die bron stroomt de rest: willen opstaan, willen eten en drinken, willen werken, willen lachen en lezen en praten en dansen en met de hond wandelen... En willen liefhebben niet te vergeten. Henk en Mia naderen de voordeur. Henk laat Mia's hand los, doet de deur open en gaat voor, de steile trap op, terwijl Mia volgt. Ze horen elkaars voetstappen, elkaars ademhaling, en ze zijn zich er allebei volledig van bewust dat er nog altijd een heel plezierige cadans in hun bewegingen zit.

***

Schurk ligt op een ongebruikelijke plek, onder de trap in de woonkamer, en is benauwd, maar desondanks zoekt zijn blik die van Henk op. Dat stelt Henk gerust: het is niet de blik van een vreemdeling die een vreemdeling ziet, maar van Schurk die Henk ziet. Hij knielt neer bij de hond en krabbelt hem over de kop. Schurk ademt snel, de tong hangt uit de bek, de flanken bewegen rusteloos.

'Jochie...'

Ook Mia knielt neer. Schurk kijkt haar even aan maar zoekt dan weer de ogen van Henk, zoals het hoort. Mia neemt een van Schurks oren tussen haar vingers. Door het overheersende wit en roodbruin zijn lange, zwarte haren geweven die de oren een elegante rafelrand geven. Mia laat ze door haar vingers gaan.

'Wat een mooie oren...'

'Dat noemen ze oorbellen,' legt Henk uit, met een zekere trots, 'die lange haren...'

Hij staat op, loopt naar de keuken en drenkt een spons. Schurk likt er flauwtjes aan, maar lijkt toch te kalmeren. Mia blijft zijn oor strelen.

'Hij is in orde,' zegt Henk. Het klinkt stijfjes, alsof hij een medisch communiqué afgeeft, en dat verraadt zijn zorgen. Toch gaat hij door. 'Hij is een beetje benauwd, dat is alles. Ik bedoel, hij heeft hartfalen, maar ik kan aan hem zien dat hij nu oké is.'

'Ja? Gelukkig...'

'Over een uurtje krijgt hij zijn medicatie en dan laat ik hem even uit en daarna zal hij hopelijk goed kunnen slapen...'

Het is zeven voor half tien. Henk vindt de situatie nogal onoverzichtelijk. Het spectrum van mogelijkheden is te breed. Het loopt van een kopje thee en een gesprek over koetjes en kalfjes tot het wederzijds afrukken van de kleren en wilde seks. Dat laatste heeft de voorkeur van Henk, maar hij begrijpt dat het tempo gematigd moet worden, al was het maar omdat er nog zo veel onbekend terrein is. Het is zaak om behoedzaam te manoeuvreren, signalen goed te begrijpen en geen onvoorspelbare zetten te doen. Tegelijk beseft hij dat hij veel te moe en dronken is om weloverwogen te handelen en zo ligt de avond volledig open, zijn verrassingen mogelijk en heeft hij geen idee in welke toestand en stemming hij de zon zal zien opkomen. Hoe dan ook heeft hij dorst. Hij staat op en zegt: 'Wil je misschien wat drinken? Ik heb van alles, koffie, thee, karnemelk... Wijn natuurlijk, bier, misschien nog een beetje whisky... Of wil je gewoon water? Ik denk dat ik nog wel ijsklontjes heb, dat is misschien lekker, het is hier nog steeds benauwd...'

'Wat neem jij?'

Henk haalt zijn schouders op en zet een stap richting de eettafel. Die stap is misschien een hint: het zou goed zijn als je nu opstaat en tegenover mij aan de eettafel gaat zitten.

'Geen idee. Wat wil jij?'

'Ik wil graag karnemelk.'

Daar heeft Henk niet op gerekend. Het lijkt hem vreemd om op dit uur, bij deze gelegenheid, karnemelk te drinken. Hij noemde de drank zojuist uit een zucht naar volledigheid, meer niet. Er is natuurlijk niets op tegen om Mia karnemelk te geven, maar de dag heeft hem zozeer uitgeloogd dat hij zich niet soepeltjes bij de feiten neer kan leggen, en dus sputtert hij tegen.

'Karnemelk? Echt?'

Nu is verdere verwarring onvermijdelijk: een paniekerig pingpong waarbij veel te veel woorden nodig zijn om de in wezen eenvoudige kwestie tot klaarheid te brengen.

'Ja, je zei toch dat je karnemelk had?'

'Ja, ik heb karnemelk, ik dacht alleen maar...'

'Wat?'

'Nou, niets. Ik bedoel, ikzelf heb eigenlijk wel zin in wijn.'

'Oh, maar dat is ook goed. Wijn. Geef maar wijn.'

'Nee, je wilde karnemelk. Toch? Ik heb karnemelk. Koud.'

'Maar het is een beetje gek om karnemelk te drinken als jij wijn drinkt.'

'Ja. Oh. Wil je dat ik ook karnemelk neem?'

Goed, het duurt allemaal even maar uiteindelijk zitten ze aan de keukentafel, allebei met wijn, een schaaltje met blokjes kaas tussen hen in, en beetje bij beetje komt het gesprek weer op gang. Ze komen het een en ander over elkaar te weten. Henk vertelt over zijn werk (gewoon, proberen ze in leven te houden), over Lydia (dat vertel ik allemaal nog weleens) en een boek dat hij aan het lezen is (*Afvallen voor dummies*). Hij ontdekt dat Mia lerares scheikunde is (ik vind het periodiek systeem mooier dan de piramides of de Mona Lisa of Lucian Freud), twee keer gescheiden (dat vertel ik allemaal nog weleens), en dat ze drie zoons heeft (allemaal vernoemd naar grote scheikundigen). De jongste, Antoine, zit op het conservatorium en studeert zang. Henk vraagt of ze muziek wil horen, maar nee, dat wil ze niet.

'Ik vind het wel lekker stil eigenlijk...'

Het is inderdaad stil. Geen brommers, geen televisiegemurmel, geen gekletter van vuile vaat. Stilte. Nou ja, stilte, hun stemmen klinken natuurlijk. Na nog een glas wijn doen zich de eerste stroomversnellinkjes in het gesprek voor. Mia vertelt dat ze weleens een tas heeft gestolen, Henk erkent een homoseksueel experiment in zijn jonge jaren. Mia biecht op dat haar eerste kind doodgeboren is en dat ze daar nog altijd verdriet om heeft, Henk erkent de schaamte die hij voelt over het einde van zijn huwelijk met Lydia. De bekentenissen zijn op zichzelf interessant, maar de intentie ervan vertelt nog veel meer: ze willen zich laten kennen. Zo gaat dat immers in die merkwaardige koortsdroom van verliefdheid: er is een drift om je te laten kennen, om te biechten en zo schoon schip te maken, alsof verliefdheid niet in de eerste plaats een kwestie van liefde is, van geilheid of verlangen, maar een cathartische wassing der zonden. Henk en Mia vormen geen uitzondering. Ze voelen die drang om zichzelf te laten zien en ze zullen zichzelf laten zien en ze begrijpen allebei heel goed dat ze daarmee op weg zijn naar boven, naar de slaapkamer, naar seks, al dan niet wild.

Maar zover is het nog niet. Dat geeft niets. Ze zijn allebei royaal boven de vijftig (Mia, weet Henk inmiddels, is een jaar ouder dan hij, 57 dus) en hebben geen haast. Bovendien moet Schurk nog zijn medicijnen krijgen en uitgelaten worden. Vooralsnog drinken ze dus wijn, Henk meer dan Mia, en met een gretigheid die beslist niet gebruikelijk is. Waarom eigenlijk? Wat is er gaande? Deze dag is gaande. Al in de eerste tellen heeft de dag hem bij zijn nekvel gegrepen en heen en weer geschud als een prooi, ongeveer zoals Schurk als pup een sok heen en weer kon schudden, en we zullen zien wat er straks van Henk over is als de zaterdag hem eindelijk loslaat, zoals Schurk die sok, ergens achter de bank.

Ze praten. Henk verliest zich in Henkerig gemijmer, nogal bloemrijk, mogelijk dankzij de alcohol die in de zinnen meeklotst.

'Ik lees veel,' zegt hij bijvoorbeeld. 'Mijn boeken (hij wijst met een armgebaar naar de kast tegenover de bank en vervolgens naar boven al heeft Mia natuurlijk geen idee dat daar nog een paar duizend boeken staan) staan vol met aantekeningen, een schaduwtekst van haken, streepjes, uitroeptekens en andere symbolen die ik op de bladzijden achterlaat als ik word geraakt door de schoonheid van een zin, een nieuw inzicht of een onbedaarlijk goede grap. Samen vormen die sporen een verslag van wie ik in mijn jaren ben geweest. Het is in beginsel mogelijk, denk ik soms, om met die schaduwtekst als bron de geschiedenis van mijn identiteit gedetailleerd in kaart te brengen. Al dat gekrabbel telt op tot een verhaal. Ik. Henk. Ik heb lang gedacht dat mijn identiteit uitvloeide in de boeken die ik las, ongeveer zoals inkt in water, maar tegenwoordig denk ik dat mijn boeken mij juist duidelijke lijnen geven. Ze vormen een drukverband dat het leegbloeden van mijn geheugen tegengaat, een exoskelet dat het verval van mijn lichaam compenseert. Ze geven mij vorm en substantie. Ze geven mij Henkerigheid.'

Zo gaat hij een tijdje door, in de ban van zijn overwegingen, zonder nog op Mia te letten. Mia, op haar beurt, let wel degelijk op hem. Ze luistert niet echt naar wat hij zegt, maar kijkt naar de bewegingen van zijn gezicht, aandachtig, en ziet dat die een eigen verhaal vertellen. Ze heeft geen idee wat dat verhaal is en doet ook geen poging het te lezen, maar laat het wijselijk bij haar eerste indrukken. Wat een lieve man, wat een levendige man. Ondertussen drenst Henk door over het verhaal dat we zijn en dat we dat zo nu en dan zouden moeten herzien, het een andere politieke kleur geven, een andere huidskleur, een ander geslacht en een andere seksuele voorkeur, een ander geloof en een andere nationaliteit, want is het niet een ontstellend gebrek aan fantasie om dat niet te doen, en zo de wereldvrede naderbij brengen, totdat hij Mia's blik vangt en ziet dat ze aandachtig naar hem kijkt, dat ze goed kijkt, en midden in een zin zijn monoloog staakt.

Tegen elven wandelen ze met Schurk. Het is nauwelijks donker vanwege een vrijwel volle maan. Nu de zon weg is hangt er een sfeer van op-adem-komen, maar koel is het nog niet. In de stegen tussen de Nieuwstraat en de Vecht staan de gevels de verzamelde hitte van de dag af, pesterig, als om eraan te herinneren dat de planeet tolt en al over een paar uur deze zijde opnieuw naar de zon zal wenden, die geduldig is, en krankzinnig heet.

Schurk lijkt min of meer zichzelf. Hij plast een paar keer kort achter elkaar, snuffelt wat, kijkt om, poept en blaft naar een kat op een schuurdak, twee, drie keer, om vervolgens stil te vallen en nog een tel of tien gebiologeerd naar het erfvijandelijke schepsel te kijken, misschien omdat het silhouet zich bijzonder fraai aftekent tegen de volle maan, zoals dat in tekenfilms weleens te zien is.

Nu ze buiten zijn, in een stil stadje maar desalniettemin in het openbaar, zijn ze opnieuw behoedzaam. Het gesprek meandert kalmpjes, stroomversnellinkjes blijven uit. Ze verzamelen moed en zijn er met hun gedachten niet helemaal bij omdat hun gedachten al vooruitlopen op hun thuiskomst, de slaapkamer en het bed in die slaapkamer, naar de klanken en gezichtsuitdrukkingen en bewegingen die nodig zijn om zonder ongelukken van de voordeur naar dat bed te komen, de subtiele, wankele choreografie van de verleiding, die geen directheid veelt, maar ook geen misverstanden.

Ze lopen over de Ossenmarkt naar de haven. Op de smalle brug komt hun opwinding tegemoet. Er staat een groep kinderen, nou ja, jongvolwassenen, zestien, zeventien jaar oud misschien. In het licht van de maan hebben ze iets onwerkelijks en misschien is dat de reden dat Henk en Mia niet verbaasd zijn als ze zich beginnen uit te kleden, want dat is wat ze opeens doen, zich uitkleden, allemaal, totdat ze naakt zijn, naakt en schitterend, zoals in het maanlicht duidelijk te zien is. Henk en Mia blijven staan en zien hoe een weelde aan jonge lichamen over de witte brugleuning klimt en in het water van de haven springt, joelend, om vervolgens baldadig rond te spartelen, kort aangelijnd aan de pin van een onbezonnen lust. Schurk blaft naar ze, drie, vier keer, maar dat horen ze natuurlijk niet. Henk en Mia blijven een tijdje kijken, glimlachend, omdat jeugdigheid nu eenmaal aanstekelijk is, hoe irritant ook. Na een tijdje draaien ze zich om en lopen terug. Ze zwijgen. Als de opgewonden stemmen niet meer te horen zijn valt de onwerkelijke stilte op. Er staat geen zuchtje wind, er klinkt geen stem, geen televisie, niets. Ja, toch: het geluid van hun voetstappen en het getrippel van Schurk. Stilte maakt ons vaak eerlijker, geen idee waarom, misschien omdat ze intimiteit suggereert. Mia voelt dat aan. Ze maakt van de gelegenheid gebruik door Henk een vraag te stellen die al een tijdje door haar achterhoofd zwerft. Haar vraag leidt tot een gesprek dat alle zorgen over de choreografie van de verleiding futiel maakt en ze zonder hindernissen naar de slaapkamer zal voeren.

'Wat bedoelde je nou eigenlijk? Dat je verliefd op me bent?'

'Oh, ik... Ik weet het niet goed. Ik vind je lief. Ik vind je mooi en ik vind je lief en toen ik met Rosa op dat bed lag zei ik het opeens. Ik was het niet van plan, ik zei het gewoon. Dat ik verliefd op je ben.'

'Wat zei zij?'

'Of dat de eerste keer is, na Lydia.'

'Is het dat?'

'Ja, op zichzelf wel, maar...'

'Wat?'

'Ik had het niet moeten zeggen. Niet zo. Het is een groot woord, verliefdheid, daar moet je voorzichtig mee zijn. Als ik niet zo veel gedronken zou hebben, zou ik het niet zo hebben gezegd.'

'Oké... Dat is eerlijk...'

'Maar?'

'Maar ook een beetje teleurstellend. Ik vond het wel fijn om te horen. Dat er iemand verliefd op mij is.'

'Maar ik ben ook verliefd! Een beetje. Nee, een heleboel eigenlijk. Alleen dat woord... Woorden zijn soms zo... Zo groot. Zo horkerig. Ik weet het niet. Ik bedoel, ja, een beetje verliefd ben ik wel. Ik vind je in elk geval heel lief. En mooi. Oh ja, ik heb tegen Rosa gezegd dat je op Patti Smith lijkt.'

'Patti Smith! Daar heb ik alles van!'

'Echt?'

'Ja, nou ja, bijna alles...'

'Je lijkt echt op haar...'

'Omdat ik lang grijs haar heb zeker...'

'Ja. En je mond... Een brede mond. En geweldige ogen.'

Ze staan stil. Mia pakt zijn handen en begint te zingen, zoals ze dat een paar uur eerder ook al deed.

'Because the night... belongs to lovers...'

De maan staat boven het stadje en het water van de Vecht stroomt en Mia zingt en Henk grijnst van oor tot oor terwijl Schurk nog een plas doet.

'Because the night... belongs to lust...'

***

Mia kleedt zich uit. Ze staat midden in de slaapkamer, met een brede glimlach, tegenover Henk die zijn overhemd los-knoopt, ook met een brede glimlach. Dit is goed, zeggen ze in stilte tegen elkaar, dit is echt heel goed. Mia draagt geen bh maar een hemdje dat ze over haar hoofd uittrekt en dan blijkt dat ze een borst mist, de linker. Ze heeft ruim drie jaar geleden borstkanker gehad, in een vroeg stadium nog, maar desalniettemin was het afzetten van de borst nodig.

Ze zag af van een borstreconstructie om dezelfde reden dat ze afziet van het verven van haar grijze haren: een afkeer van doen-alsof. Wat er dus te zien is, is een platte, tepelloze borst en een litteken, een lichte inkeping, min of meer dwars op de borst.

Henk ziet de borst en Mia ziet dat hij haar borst ziet en is onmiddellijk een prooi van verwarring omdat ze geen tel bij de amputatie heeft stilgestaan. Dat is een klein wonder. In de maanden na de operatie heeft ze drie, vier minnaars gehad, niet omdat ze van ze hield en zelfs niet omdat ze zin had in seks, maar om zichzelf te dwingen haar nieuwe lichaam – zo voelde het: als een nieuw lichaam – te aanvaarden. De mannen dienden als realitycheck: oh ja, moesten ze haar leren, dit is wel degelijk mijn lichaam. De mannen keken naar haar linkerborst en reageerden begripvol, zachtaardig, zoals je dat zou willen, maar dat hielp haar nauwelijks. Ze kon zich niet over het gevoel heen zetten dat de mannen deden wat ze behoorden te doen, maar in werkelijkheid alleen maar wilden wegrennen. Misschien had ze gelijk. Hoe dan ook besloot ze om een tijdje haar leven te leven zonder mannen. Dat beviel beter. Het punt was niet, begreep ze uiteindelijk, dat mannen haar nieuwe lichaam moesten leren verdragen, maar zijzelf.

En nu dit. Henk. Ze is zo gefixeerd op de grote, lieve, dronken man tegenover zich, de handigheid waarmee hij met die grote, nogal grove handen de knoopjes van zijn overhemd losmaakt, die malle grijns, de massa van het lichaam dat tevoorschijn komt, God, ze kan niet wachten om hem aan te raken, kortom, ze is zo gefixeerd op hem dat ze geen tel aan haar borst heeft gedacht totdat ze ziet dat hij haar ziet. Ze schrikt maar is het volgende moment immens opgelucht: de lange tijd zo aanwezige afwezige borst blijkt opeens weer een normaal deel van haar lichaam, dat geen bijzondere aandacht nodig heeft, niet meer in elk geval dan bijvoorbeeld haar buik of oksels of billen, waar eerlijk gezegd ook wel wat op aan te merken valt. Ze is dus blij, heel erg blij zelfs, maar inmiddels is er die blik van Henk. Het is niet moeilijk te zien wat hij denkt, iets als: oh God... Dat is een uitdrukking die veel kan herbergen, schok, verdriet, afkeer, medelijden, maar praktisch gesproken neerkomt op ongemak.

'Sorry, ik had geen idee, ik...'

Nee, natuurlijk niet, hoe zou hij iets hebben kunnen weten? Dat snapt hij zelf ook wel en daarom breekt hij zijn zin af, doet een stap naar voren en legt een grote hand op het restant van haar linkerborst. Mia schrikt, niet van zijn gebaar, niet van die grote hand, maar omdat ze er nogal abrupt aan wordt herinnerd dat er weinig gevoel over is in haar borst. De borst voelt doof aan. Ze legt een hand op de zijne.

'Sorry, misschien had ik iets moeten zeggen...'

'Nee, ben je gek, natuurlijk niet...'

'Ik heb een paar jaar geleden borstkanker gehad...'

'Je hoeft me niets te vertellen, je bent me niets verschuldigd.'

'Er zit niet veel gevoel meer in, maar in die ander wel, dus het is beter als je...'

En kijk, hij grijnst alweer, en verplaatst onmiddellijk zijn hand naar haar rechterborst, die vol is, warm, zacht, lief, mooi, ontroerend, een maf ding eigenlijk maar toch geweldig, enfin, al die dingen die een vrouwenborst kan zijn. Hij zegt: 'Veel beter...'

En dat is dan dat. Ze kunnen verder. Ze staan nog altijd tegenover elkaar en de laatste kledingstukken gaan uit en

Henk houdt opeens een tandenborstel omhoog, zelf ook verbaasd, maar het volgende moment gaan ze al richting het bed terwijl ze elkaar steeds driester beginnen aan te raken. Het is allemaal erg onhandig en onwennig en in het oog van een toeschouwer misschien een tikje pijnlijk, maar hun eigen toeschouwersoog kijkt niet meer mee, de lust heeft definitief de overhand gekregen, en alles wat er nog aan remmingen resteert wordt platgewalst door wat ze nu hevig verlangen: elkaar.

Er is een groot verschil tussen de Henk die eerder vandaag op de bank lag, de walrusachtige Henk, die leek uit te vloeien als een onbeheersbare zachte massa, en de Henk die nu met Mia vrijt. Het is alsof al zijn gewicht zich bij elkaar heeft geraapt, zich heeft geconcentreerd in een samenhangende, effectieve mannenvorm met maar één doel: genot, plezier. Mia sluit haar ogen en laat hem begaan want dit is precies wat ze wil, en dit, en dat, en oh ja, *oh dear*. Het is *Lebensbejahung* die Henk zijn effectieve mannenvorm geeft: willen leven, willen vrijen, willen genieten, hier, nu, en kijk, het spul van zijn lichaam transformeert tot een toegewijde minnaar.

Lebensbejahung neemt de vorm van *Miabejahung*. Ze heeft nog altijd haar ogen gesloten. Ja, dit, en dat, en oh. De lange, grijze haren liggen min of meer waaiersgewijs op het olijfgroene kussen. Het is nu goed te zien dat ze inderdaad op Patti Smith lijkt, dat ze vergelijkbare, tamelijk grove trekken heeft (een brede mond, een grote neus en dichte, borstelige wenkbrauwen) die evenwel zelden verharden en onaangenaam worden, zoals dat bij Patti Smith weleens gebeurt. Daar is ze te lief voor. Daar is ze misschien ook te laconiek voor. Ze is lerares scheikunde. Het kost haar geen moeite om te zien dat zij, en Henk, en iedereen, spul is, grotendeels koolstof om precies te zijn, niet te onderscheiden van koolstof in een autoband. Tijdens haar studie las ze een verhaal over koolstof van Primo Levi. Levi beschrijft de lichtvoetige levensloop van een koolstofatoom: hoe het aan de oppervlakte komt van eroderend kalksteen, losraakt, wordt meegevoerd door de wind, door het water, opnieuw door de wind, hoe het door de longen van een arend gaat, in een wijngaard terecht komt, bijdraagt aan een fotosynthetisch proces en in een lange keten met andere koolstofatomen deel wordt van een druif, van wijn, en gedronken wordt, gemetaboliseerd, en als glucose opgeslagen in de lever. Zo, even rust. Maar dan trekt de eigenaar van de lever een sprintje om op tijd een brief te kunnen posten en de glucose komt vrij en, enfin, zo gaat het door. Uiteindelijk wordt het atoom ingeademd door de schrijver en komt het via het bloed in de hersenen, waar het een neuron laat vuren, en dat is precies wat de schrijver ertoe brengt om een punt te zetten, deze. Mia leest niet veel, maar dit verhaal is haar altijd bijgebleven en in de jaren die volgen zal ze het aan Henk laten lezen, die het natuurlijk geweldig zal vinden. Spul. Koolstof. Dus ach. Het is een probleemloos inzicht dat haar leven een aangename lichtvoetigheid geeft – kijk maar eens hoe gemakkelijk ze zich laat beminnen.

Dan, na een minuut of wat, raakt Henk afgeleid. Iets anders dan Mia vraagt zijn aandacht. Hij drukt het weg en spant zich des te meer in, maar dat is niet handig want nu leidt de inspanning zelf ook de aandacht af. Zijn bewegingen worden slordiger. Mia opent haar ogen.

'Wat is er?'

'Niets. Ik...'

Hij komt overeind. In de kamer hangt alleen het licht van de maan, waardoor het tafereel iets van een undergroundstrip krijgt, met een blauwachtig *chiaroscuro* van diepe, dramatische schaduwen. Henk gaat met een hand over zijn schedel, van voor naar achter en terug.

'Niets... Ik weet niet...'

Maar dan weet hij het wel: hij heeft geen bruikbare erectie. Hij heeft een halve erectie, een krachteloze zwelling zonder harteklop, waarmee hij niet veel kan uitrichten. Hij neemt het ding in zijn hand, knijpt wat, maar Mia onderbreekt hem.

'Wacht, laat mij...'

Ze heeft slanke handen met lange, ringloze vingers. Henk heeft ze eerder vandaag bekeken, in de bus, om haar leeftijd te kunnen schatten. Toen lagen ze op haar schoot. Nu ziet hij ze in actie, nogal zakelijk, en met een licht ongeduld. Hij laat zich terugzakken in de kussens en kijkt toe hoe Mia zijn geslacht tot leven probeert te brengen. Hij schaamt zich. Een vrouw als Mia heeft recht op een kant-en-klare erectie en moet je dit nu zien. Zijn geslacht doet niets. Het is de drank. Het is deze dag. Nee, het is zijn leven, de hele keten van en toen, en toen, en toen, die hem hier heeft gebracht, op dit bed, met dit hopeloze geslacht in de nijvere handen van deze vrouw. Hij is werkelijk bekaf.

'Mia...'

Ze kijkt op, zoekt zijn ogen en laat zijn geslacht los. Dan kruipt ze tegen hem aan, kust een tepel die ze toevallig tegenkomt, bijt erin, likt, maar vleit zich ten slotte tegen hem aan met een bemoedigend klapje op zijn buik. Henk voelt dat al niet meer. Hij is in slaap gevallen, vrijwel van de ene tel op de andere, zodat de hele dag, dat eerste ontwaken, dat hart en dat bloed, de julihitte, Schurk, Saskia, Mia, Freek, Jan, kaas (ook: kaasdip), de buurman, *Kees de jongen*, Rare Rosa, Henks Henkerigheid, wijn (ook: sherry), Maaike (affaire met –), Schurk, de dierenarts, hartfalen, Nietzsche, herinneringen, verhalen, de muzikaliteit van Schurk, George Baker Selection, Lydia (ook: scheiding van –), slapen (ook: een speculatieve mijmering over zijn doodsangst), nog eens wakker worden, Schurk, de bus, de jongen in de roeiboot, Mia, poëtisch spul... Dat die hele dag dus, boem, op slag weg is.

Henk droomt. Over een paar minuten zal hij wakker worden en zich de droom herinneren. In de droom voert hij een
gesprek. Hij heeft geen idee met wie hij spreekt, mogelijk
met een onbekend deel van zichzelf, een hersenkwab die
nu pas aanhaakt, op zijn 56ste, en zich meteen met de zaak
begint te bemoeien, als een nieuw parlementslid, maar hoe
dan ook gaat het gesprek ongeveer als volgt.

– Henk, waar denk je aan?
– Aan Mia.
– Kun je preciezer zijn?
– Ik denk aan haar ogen. De kleur van haar ogen. Ik weet
  niet welke kleur ogen ze heeft.
– Ga even kijken, ze is volgens mij in de keuken.
– Ja, ze maakt curry, maar dat is het punt niet. Ik wil niet
  gaan kijken, ik wil weten wat voor kleur ogen ze heeft.
  Het is toch gek dat ik dat niet weet?
– Waarom is dat gek?
– Ik heb zo vaak in haar ogen gekeken en ik weet de kleur
  niet eens!
– Je geeft zelf een verklaring: je hebt *in* haar ogen gekeken,
  niet *naar* haar ogen.
– Dat is me te fijnzinnig. Het is idioot dat ik het niet weet.
  Het is een soort onverschilligheid. Achteloosheid. Alsof
  ze me niet echt interesseert.

- Je voelt je schuldig?
- Ja. Nee. Ik bedoel, schuld is zo'n mal woord, eigenlijk, als je erover nadenkt... Het is meer iets verdrietigs: dat zelfs zij me zo gemakkelijk door de vingers lijkt te glippen...
- Ah, je stokpaardje: het leven dat vrijwel meteen weer vergeten wordt...
- Ja, misschien. Sorry. Dat zit me kennelijk dwars. Vind je dat ik er te veel over zeur?
- Wat mij betreft mag je zeuren wat je wilt... Maar luister eens, het is nog niet te laat. Jullie gaan straks eten, curry, en dan heb je gelegenheid om naar haar ogen te kijken. Goed te kijken.
- Ja...
- Goed kijken zodat het leven je niet door de vingers glipt...
- Ja...
- Wat is er?
- Ik houd eigenlijk niet zo van curry.

Op dat moment wordt hij wakker, voor de vierde keer binnen een etmaal, en dit keer doet zijn bewustzijn zich voor als een lege, spaarzaam verlichte ruimte, als een kloostercel: hij is klaarwakker maar zonder een uitgesproken gedachte of gevoel. De droom dringt met flinke vertraging tot hem door, gek genoeg eerst met een geur van curry, dan met de klank van de tegenstem, en dan met de vraag welke kleur Mia's ogen hebben. Dat weet hij meteen: groen natuurlijk.

Hij draait zijn hoofd. Mia slaapt. Ze is van hem weggerold en ligt op haar zij, haar rug naar hem toe. Mogelijk droomt ze. Mogelijk zal ze hem morgenochtend over haar droom vertellen bij een katerig ontbijt. Mogelijk zullen ze na dat ontbijt wandelen met Schurk. Mogelijk zullen ze na de wandeling alsnog vrijen. Mogelijk zullen ze elkaar geregeld blijven zien. Mogelijk zullen ze gelukkig zijn.

De kloostercel van zijn bewustzijn begint zich langzaam te vullen, aanvankelijk met gedachten, beelden en herinneringen die nauwelijks vorm krijgen, zoals de herinnering aan een berm, groen, ergens, langs een weggetje, mogelijk in een buitenland. Beetje bij beetje klaren zijn gedachten op, al behouden ze een relatief eenvoudig karakter dat past bij een kloostercel. Gek, denkt hij bijvoorbeeld, ik houd wel degelijk van curry. Maar dan vult de cel zich opeens met iets heel anders, iets wat de volledige ruimte inneemt en alle aandacht trekt, een pandemonium van paars en groen en geel, *misselijkheid*, zodat hij overeind komt, opstaat en de trap afgaat, door de woonkamer beent, naar het toilet, en overgeeft.

De drank, denkt hij, hangend boven de toiletpot, en mogelijk de blokjes kaas die hij zo te zien zonder zorgvuldig te kauwen naar binnen heeft gewerkt. Hij geeft nog een keer over en rolt dan hijgend op de vloer van de badkamer, ruggelings, met een ongebruikelijk zicht langs de wand van de douchecabine op het door vocht aangetaste plafond. Ongebruikelijk maar geruststellend: de ergste crisis is voorbij, het herstel is al begonnen. Het duurt een paar minuten voordat hij in staat is in beweging te komen, overeind, op zijn voeten, en zijn gezicht te spoelen, zijn mond, zijn tanden te poetsen, en terug te lopen naar de woonkamer, naar de keuken, want het is op de badkamervloer tot hem doorgedrongen dat hij veel baat zou hebben bij een groot glas koude karnemelk. Terwijl hij drinkt (staand, naast de koelkast) hoort hij een onaangenaam, raspend geluid. Hij weet meteen wat het is, Schurk, die het opnieuw benauwd heeft. De hond ligt onder de trap, de poten voor zich uit gestrekt, de kop op de poten.

'Schurkje toch...'

Hij tilt de hond met enige moeite op en neemt hem mee naar de bank, waar hij zich installeert met het dier op schoot.

'Zo, dat is beter...'

Schurk laat met zich doen alsof hij er zelf niets mee te maken heeft, met die benauwde hond, die onrustige flanken, dat gehijg en die lusteloze tong, dat is een andere hond, niet ik, niet Schurk, die is een rondje om. Op zijn schoot ligt de vreemdeling: een niet-Schurk. Henk vraagt zich af wanneer hij de volgende dosis medicijnen kan geven maar is elk besef van tijd kwijt. Het licht van de maan geeft geen houvast. Hoe dan ook ligt de nacht voor hem, leeg, als een vlakte die hij met Schurk moet oversteken. Henk aanvaardt die tocht zonder protest. Hij zit zonder onrust op de bank, zonder dat een deel van zijn lichaam probeert weg te komen, zonder de mallemolen van gedachten, en aait Schurk over de kop en achter de oren en over de rug. Dat heeft al binnen enkele minuten een positief effect. Het dier ademt rustiger. Over een handvol uren zal hij zijn medicijnen krijgen en willen wandelen. In de dagen die volgen zal hij goed ingesteld raken op de medicijnen en zullen de klachten goeddeels verdwijnen, al is zo nu en dan een aanval van benauwdheid onvermijdelijk. Zo zal het een tijdje gaan en het zal voor Henk af en toe lastig zijn om het proces in de hartspier van de hond werkelijk tot zich te laten doordringen. Dan, over een maand of wat, zullen de klachten toenemen, ze zullen venijniger worden, en dan zal het opeens snel gaan. Schurk zal lijden. Henk zal lijden. Lydia, ver weg, huilend in een zwarte angoratrui, zal lijden. Op 17 november zal aan het lijden van Schurk een einde komen. Henk zal hem laten inslapen, 's middags rond een uur of drie, door dezelfde arts als die de diagnose hartfalen heeft gesteld. Henk zal de stervende hond zachtjes toespreken. Ga maar, Schurkje, ga maar, het is goed zo. Hij zal de dode hond vervolgens in zijn armen nemen en zonder enige remming janken. Niet huilen, maar janken. Hij zal, al jankend, denken dat het goed is dat hij alleen is, zonder Mia of Rosa of Lydia, omdat zijn verdriet zo onbeheerst is dat het schade kan aanrichten. Alleen de dierenarts is er getuige van en die kent dit. Terwijl Henk jankt en zijn gezicht in de vacht van Schurk duwt en de lange snoet nog een keer aait en de oren door zijn vingers laat gaan, zal de man bij de tafel blijven staan, heel recht. Als Henk eindelijk kalmeert en opkijkt zal hij de man zien staan en zich de overleden zoon herinneren. Een paar tellen zal hij de aandrift voelen om de man te omhelzen. Dat zal hij natuurlijk niet doen. Hij zal Schurk uiteindelijk terugleggen op de tafel en zijn ogen en gezicht drogen met een zakdoek en zijn neus snuiten. Vervolgens zal hij de dierenarts een hand geven, plechtig, en knikken, en nog een keer zijn gezicht in die verrukkelijke Schurkvacht duwen, en nog een keer, en nog een allerlaatste keer, maar zich dan abrupt omdraaien en weglopen, naar buiten, dat gedrocht van een wereld in.

Maar dat komt allemaal nog. Vooralsnog is het deze zaterdag, pardon, deze zondag in juli, en het is zo langzamerhand tijd om de balans op te maken. Wat zien we precies op de bank? We zien Henk en Schurk. Hoe laat hun dag zich het beste beschrijven? Als een vorm van catharsis misschien, een reinigende ervaring die, nee wacht, laten we dit niet doen, laten we het niet hebben over balans, dat is een onzinnig begrip, er is tijd die voorbijgaat, dat is alles, zo ingewikkeld is het allemaal niet. Laten we simpelweg vaststellen dat het etmaal zo langzamerhand afloopt. Laten we dus nog één keer kijken – goed kijken natuurlijk – en het daar verder bij laten.

We zien Henk en Schurk. Henks gezicht is stil en ingetogen, maar de dag klinkt natuurlijk nog na in zijn hoofd. Hij denkt misschien aan Rosa, aan Freek, aan Jan, wie weet aan de keramiste. Misschien probeert hij onder woorden te brengen wat hem het afgelopen etmaal nou eigenlijk is overkomen. Niets. Alles. Zijn leven. En we mogen aannemen dat hij aan Mia denkt, die een verdieping hoger stilletjes slaapt. Mia, zal hij denken. Mia, Mia, Mia, Mia, Mia, Mia, Mia, Mia, Mia. Mia.

Wat Henk en Mia betreft staat het volgende wel vast. Henk zal Mia vele malen penetreren. Hij zal dat doen in een verrassende variëteit aan posities, aanvankelijk op verzoek van Mia, later uit een zucht naar erotisch avontuur die eigen bronnen heeft – een late maar plezierige ontdekking. Het zal vrijwel altijd leiden tot een of meerdere orgasmes van beide partijen, niet zelden min of meer gelijktijdig. Door de bank genomen zullen ze gelukkig zijn, niet alleen vanwege de seks, en niet alleen omdat ze zo verstandig zijn apart te blijven wonen, maar vooral omdat ze echt heel dol zijn op elkaar. Natuurlijk zal de onverschillige despoot van het leven zich zo nu en dan laten gelden met de gebruikelijke tegenslag, ongerijmdheden, waardeloze timing en eindeloze herhaling. Zo nu en dan zullen ze het daarom moeilijk hebben en het valt te bezien hoelang ze bij elkaar blijven, maar ach, wat maakt dat uit – elke tel geluk is al schitterend.

Het maanlicht veroorzaakt een patroon van bleke vormen dat langzaam door de kamer gaat, over de houten vloer, de salontafel, een tekening van de vijfjarige Rosa (*Man met groene bril in boot plus lieve beer*), een blauwglazen vaas, een stapel boeken, een krant, een rode sok, een afgekloven varkensoor... Het patroon glijdt over de bank, over Henk en Schurk, en doet dat uitermate zorgzaam, als de hand van een engel: wees gerust, ik waak. Schurk valt in slaap. Ook Henk wordt stilletjes omsingeld door de slaap maar vooralsnog blijft hij in de greep van zijn bewustzijn. Op zeker moment gaat hij liggen om het zichzelf wat makkelijker te maken. Dat is plezierig. Met de beweging die hij maakt wordt Schurk even wakker, zucht diep, kennelijk tevreden, en valt weer in slaap. Henk aait hem over de kop terwijl zijn gedachten gaan waar ze gaan en hij er zo'n beetje achteraan sukkelt.

Na geruime tijd – maar hij zou werkelijk niet kunnen zeggen hoeveel tijd – hoort hij voetstappen op de trap, heel voorzichtig, alsof een kind de trap afdaalt op de ochtend van de eigen verjaardag, onbedwingbaar nieuwsgierig naar de pakjes die al klaarliggen op tafel, en de versierde stoel, en de slingers. Het is geen kind, het is Mia, en ze loopt niet voorzichtig maar met een verbluffende lichtheid, bijna alsof ze zweeft. Ze is naakt. Henk voelt zijn hart opengaan en dat is na een dag als deze riskant. Het minste gebaar van Mia – een glimlach, het wegstrijken van een lok haar, het optrekken van een borstelige wenkbrauw – en hij zal breken. Maar ze ziet hem helemaal niet. Ze steekt de woonkamer diagonaal door, naar de hal, nog altijd met die lichte gang. Even later hoort Henk het toilet doorspoelen. Als ze terugkomt blijft ze even in de deuropening staan, maar juist als hij iets tegen haar wil zeggen komt ze weer in beweging en loopt verder, nog altijd zonder hem te zien, onbegrijpelijk licht op die lange voeten, naar de trap, naar boven, en weg is ze.

Oh Mia, denkt Henk. Oh Mia, Mia, Mia, Mia, Mia, Mia Mia Mia Mia Mia Mia Mia Mia MiaMia MiaMiaMia...

De uren gaan, het leven gaat. De slaap sluipt naderbij. Schurk zucht. Henk ziet het hondenhart kloppen in de hondenborst. Hij legt een hand op zijn mannenborst en voelt zijn mannenhart pompen. Hij stelt vast dat zijn bloed stroomt en zijn organen van zuurstof voorziet en dat ergens in dat proces de levenslust begint te vloeien. En dat is, begrijpt hij, terwijl zijn ogen eindelijk dichtvallen, terwijl in het oosten de zon alweer opkomt, terwijl de aarde onverstoorbaar haar hitte loost in een desondanks kil universum, terwijl –

En dat is, begrijpt hij, inderdaad het verstandigste wat je erover kunt zeggen.

Verantwoording

De citaten op bladzijde 15 ('grandeur') en 29 ('most beautiful and most wonderful') zijn uit Charles Darwins *Origin of Species*. Op bladzijde 14 ('stof en tijd') citeer ik uit het gedicht *De tango* van Jorge Luis Borges. Op bladzijde 80 ('het natte graf van de geboorte') refereer ik aan een regel uit *Intensive care* van Menno Wigman. Op bladzijde 126 ('liefde, of geen liefde, ouder worden, en dan de dood') citeer ik uit Gerard Reves *Scheppend kunstenaar*.

De regels van Fernando Pessoa op bladzijde 119 komen uit *Wanneer de lente komt*. Wie zo nu en dan, zoals ik, behoefte heeft aan een goddeloos gebed, kan ik aanraden het hele gedicht te lezen.

Zie voor meer informatie www.sanderkollaard.nl.

Colofon

Uit het leven van een hond van Sander Kollaard werd in opdracht van Uitgeverij Van Oorschot te Amsterdam gezet uit de Haarlemmer door Perfect Service te Schoonhoven, gedrukt en gebonden door Wilco te Amersfoort. Het omslagontwerp werd vervaardigd door Anneke Germers.

De auteur ontving voor de totstandkoming van dit boek een beurs van het Nederlands Letterenfonds.

N ederlands
letterenfonds
dutch foundation
for literature